LES SECRETS DE
LA KABBALE

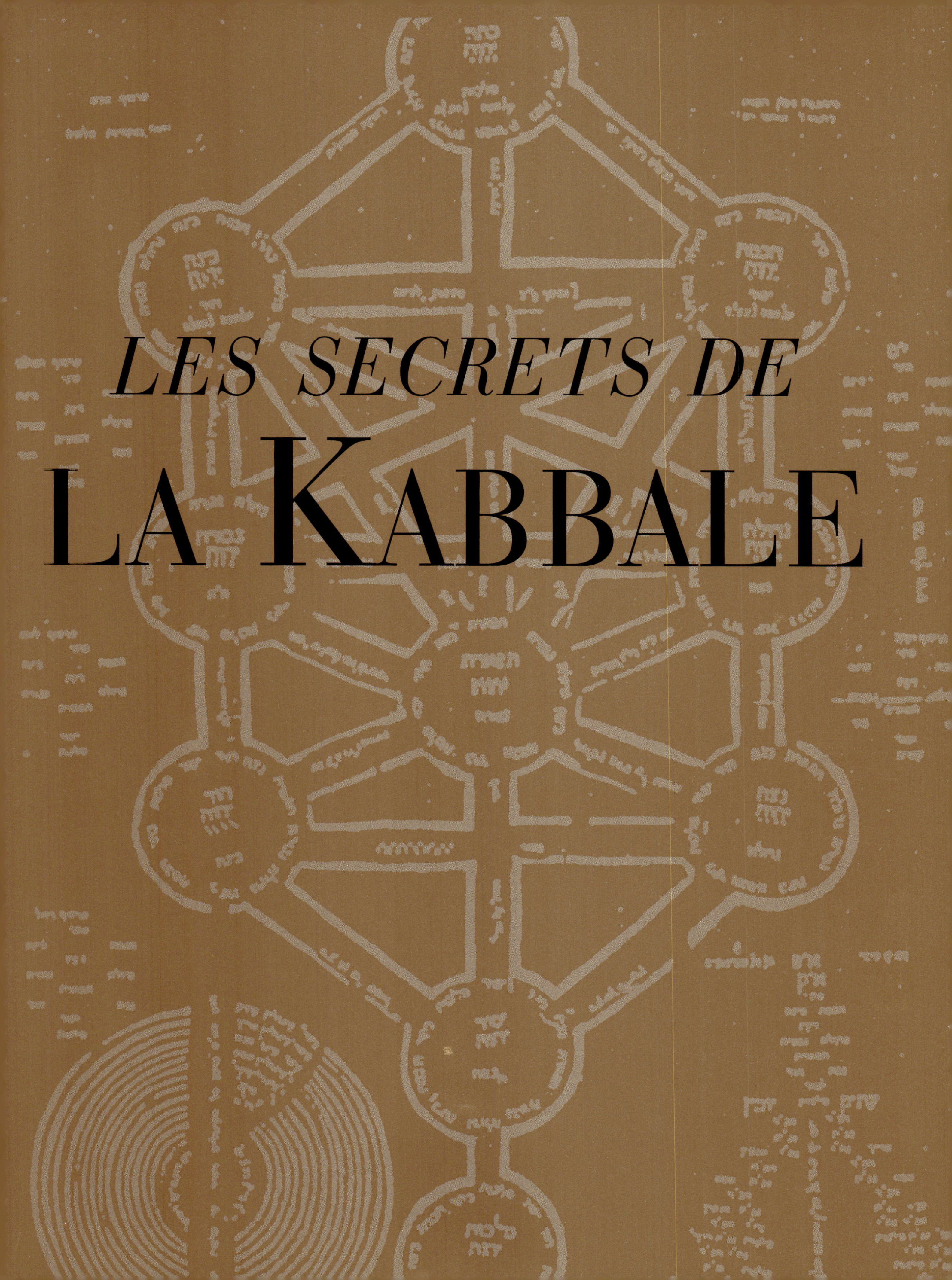

Janet Berenson-Perkins

Les secrets de La Kabbale

Les messages des anciens mystiques révélés

soline
éditions

Un livre Quarto

Édition originale :

Direction éditoriale Judith Samuelson
Édition artistique Elizabeth Healey
Correction Janet Tabinski
Maquette Caroline Grimshaw
Photographies Martin Norris
Illustrations Caroline Grimshaw, Ch'en Ling, Sarah Young
Recherche iconographique Laurent Boubounelle
Index Dorothy Frame

Direction artistique Moira Clinch
Édition Piers Spence

Édition française :

Adaptation Marie-Line Hillairet, avec le concours de Nicolas Blot
Coordination éditoriale Philippe Brunet
Réalisation PHB Services d'édition

ISBN : 2-87677-451-8
Dépôt légal : janvier 2002

Imprimé en Chine

Sommaire

QU'EST-*ce que* LA KABBALE ?

▸ LE VIOLONISTE VERT
Ce tableau de Marc Chagall illustre le désir kabbalistique de quitter le monde terrestre pour atteindre des royaumes spirituels plus élevés. La musique permet à l'âme de faciliter ce processus. L'arbre et l'échelle en bas du tableau font allusion à ce désir.

La Kabbale désigne le courant mystique à tendance ésotérique existant au sein du judaïsme, ainsi que ses enseignements et ses pratiques. Elle vient du mot hébreu k-b-l *et signifie « ce qui est reçu ». La Kabbale est la sagesse et la tradition de la connaissance mystique censées venir de Dieu.*

Ce livre vous initiera aux concepts majeurs de la Kabbale ainsi qu'aux principes et aux croyances qui les sous-tendent. Vous apprendrez comment appliquer les enseignements de la Kabbale à votre propre vie lorsque vous déciderez d'entamer ou de poursuivre un voyage spirituel personnel.

Avant de commencer, il me paraît nécessaire de formuler un petit avertissement. La Kabbale, sous toutes ses formes, est un système ésotérique, fondamentalement enraciné dans la croyance et la dévotion sincères à Dieu. Malgré sa popularité, la Kabbale n'est ni une lubie, ni un instrument de divination, ni un remontant ; elle doit être abordée avec sérieux et respect.

LA NAISSANCE DU MYSTÈRE

La tradition veut qu'à l'origine, Dieu ait révélé les mystères de la Kabbale aux anges qui les ont ensuite transmis aux hommes – à Adam d'abord, puis à Noé. Lorsque Dieu a choisi Abraham et Sarah pour être les parents du peuple juif, les anges leur ont transmis cette sagesse secrète. On raconte qu'Abraham a consigné les principaux éléments de cet enseignement dans un livre, le *Sefer Yetsirah* (Livre de la Création ou de la Formation), qu'il cacha dans une grotte. Abraham et Sarah avaient la tâche de transmettre les enseignements secrets de Dieu aux générations futures : à Isaac et Rebecca et, à travers eux, à Jacob, Rachel et Leah, puis à Joseph. On dit toutefois que Joseph est mort sans divulguer cette connaissance à ses enfants ; c'est ainsi que la sagesse secrète des mystères de Dieu s'est perdue jusqu'à l'époque de Moïse.

▸ L'ARBRE DE VIE
Cette version contemporaine de l'Arbre de vie sert à expliquer les concepts et l'inspiration mystiques qui alimentent la pensée kabbalistique.

La Torah

L'Arbre de vie et la source de la sagesse

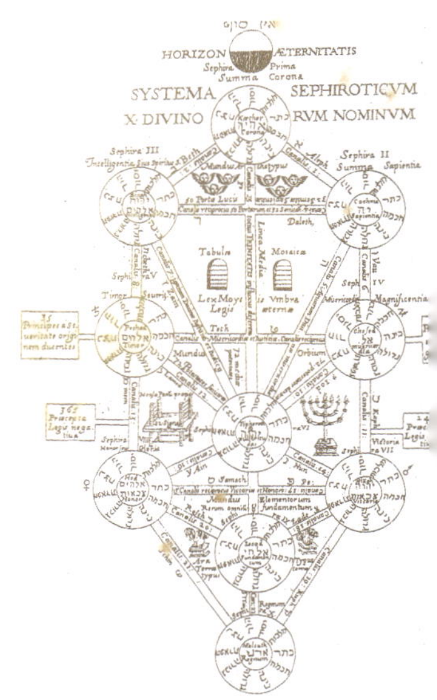

► Le plan du temple
Ce dessin des sefirot par Kircher (XVIIe siècle) montre l'Arbre de vie comme un calque du Temple de Salomon construit il y a près de trois mille ans pour abriter l'Arche d'alliance.

La Torah, ou « loi » en hébreu, est le fondement de la religion juive et également « un arbre de vie pour tous ceux qui s'y accrochent ». Elle relate l'histoire de la Création et de l'évolution du peuple juif, de son origine nomade et son esclavage à son voyage vers la liberté et son accession au statut de peuple à part entière. Malgré sa relation étroite avec l'histoire religieuse et culturelle des Juifs, la Torah offre à toute personne éprise de vérité un aperçu de la nature de l'humanité et de la quête de l'âme pour une union avec le Divin.

Dévoiler le mystère aujourd'hui

Par tradition, on avertissait les érudits que les seules personnes habilitées à étudier la Torah étaient les hommes mariés de plus de quarante ans, férus de connaissance juive et rompus à la pratique religieuse. On s'assurait ainsi que la Kabbale restait un savoir ésotérique, inaccessible au dilettante et au fanatique, tous deux susceptibles d'être mus par une volonté malhonnête. Un récit extrait du *Talmud* témoigne du pouvoir de la connaissance mystique :

Quatre hommes, Ben Azzaï, Ben Zoma, Asher et Rabbi Akiva, entrèrent dans le Jardin. Rabbi Akiva leur a dit : « Quand nous approcherons des pierres de marbre pur, prenez garde de ne pas dire, "eaux, eaux…". » Ben Azzaï contempla et mourut. Les Écritures disent de lui, « précieuse est la mort de ses fidèles aux yeux du Seigneur » (Psaume 116, 14). Ben Zoma regarda et devint fou. Les Écritures disent de lui : « Tu as trouvé le miel ? Manges-en ce qui te suffit ; autrement, gavé, tu le vomirais » (Proverbes 25,16). Asher ravagea les plantations (sa confusion lui valut de devenir apostat). Rabbi Akiva repartit sans être blessé.

De Dieu aux anges,
des anges à l'humanité,
des anciens rabbins à vous.
Réfléchissez à vos motivations :
seuls les cœurs et les esprits purs
sont invités à recevoir
ces enseignements.

Cette histoire présente, semble-t-il, les dangers de la rencontre avec le paradis, ou de l'expérience directe de Dieu. Ben Azzaï a échoué car il a uniquement fait appel à son intellect. Les rabbins disent que son désir de Dieu était si grand qu'il a abandonné son corps pour que son esprit puisse rester au paradis. Ben Zoma n'a pas eu la force d'esprit de maîtriser ce qu'il avait rencontré. Comme trop de miel incite à vomir, il s'est aussi trouvé submergé. Asher, tellement troublé par cette expérience, tourna le dos au judaïsme et fut ainsi dénommé Asher, signifiant l'Autre, et perdit son véritable nom, Ben Abuyah. Seul Akiva fut capable de supporter l'expérience du Jardin parce qu'il était complètement intégré d'un point de vue spirituel, intellectuel et émotionnel.

Les restrictions imposées par les kabbalistes pour l'étude de la Kabbale visaient peut-être à protéger l'individu, mais elles ont fermé le livre aux femmes, aux plus jeunes disciples et à tous ceux qui n'appartenaient pas à ce petit groupe d'érudits.

▲ ROULEAUX SACRÉS
La Torah est considérée comme une voie spirituelle et une force fondatrice protégeant le disciple dans sa quête de Dieu.

PREMIÈRES ÉTAPES *vers la* KABBALE

Avant de commencer ce voyage de l'esprit, méditez sur ces questions fondamentales :

- ✡ *Pourquoi avez-vous choisi de lire ce livre ?*
- ✡ *Vos motivations sont-elles pures et honnêtes ?*
- ✡ *Souhaitez-vous et êtes-vous préparé à faire des changements dans votre vie susceptibles de vous entraîner dans des voies exigeantes ?*

La Kabbale

Ses origines et son évolution

Les mystiques juifs prékabbalistes fondaient leurs croyances sur la vision du Char du Livre d'Ézéchiel. *Ils considéraient le Char comme un véhicule leur permettant d'entrer dans le monde céleste du Trône de Dieu. Par le jeûne et des prières répétées, ils envoyaient leurs âmes vers le ciel afin qu'elles pénètrent jusqu'au Trône. Pour eux, c'était une forme de prière qui leur donnait accès à la sagesse contenue dans la Bible.*

▸ Aire de lancement
À l'image des scientifiques de l'espace qui explorent le ciel, les kabbalistes tentent d'effectuer un décollage spirituel en dirigeant leur âme à travers les sept demeures célestes.

La kabbale aujourd'hui

Impossible d'y échapper – quand les vedettes de cinéma ou de télévision et les chanteurs se tournent vers la Kabbale pour essayer de trouver un sens à leur vie, il faut alors reconnaître qu'elle renferme quelque chose de puissant et d'intemporel qui a atteint les esprits et les cœurs de notre société matérialiste et technocratique. La richesse, la célébrité et le succès matériel n'ont pas procuré la satisfaction et la plénitude escomptées. De plus en plus de gens se tournent vers les voies spirituelles d'une forme ou d'une autre. Les années 1960 et 1970 ont vu l'émergence des bouddhistes occidentaux, des adeptes de Krishna et de bien d'autres cultes. Ces vingt dernières années, peut-être en réponse au besoin croissant de nourriture spirituelle, de nombreux films ont choisi de traiter des grandes questions de la vie, de la mort, de la réincarnation et du contact avec la vie extraterrestre.

Religion ou spiritualité – ou les deux ?

L'adhésion à des groupes religieux conventionnels va croissant dans les pays développés, qui souvent vont chercher leur nourriture spirituelle dans la sagesse d'autres cultures. La Kabbale est une de ces sources de sagesse, mais également un mode de vie fondé sur la prière, la dévotion, l'étude et l'action positive. Comme les Juifs qui se sont rassemblés à Safed, en Israël, du XVe au XVIIe siècle, les Juifs et les non-Juifs d'aujourd'hui, les croyants et les athées, les érudits et les vedettes se mettent à étudier la Kabbale.

Le Chabad

Le mouvement messianique de Rabbi Loubavitch, le Chabad, qui aide quiconque souhaite aller vers Dieu, compte de plus en plus d'adhérents. Rabbi Shneur Zalman a conçu une approche basée sur les sefirot supérieures de Chokhmah, Binah et la non-sefirah, Da'at, dans laquelle les disciples apprennent à méditer sur les sphères ineffables de l'énergie divine. Le mot « chabad » est un acronyme dérivé des noms de ces trois sefirot.

Le Centre de la Kabbale

Le Centre de la Kabbale, basé à l'origine à Jérusalem, et possédant maintenant des antennes à New York, San Francisco et dans d'autres villes du

monde, est la grande idée de Rabbi Yehudah Zvi Brandwein. Actuellement dirigé par Rabbi Philip S. Berg, il accueille des adeptes de toutes les fois, des non-croyants, tous ceux qui recherchent la vérité spirituelle et une meilleure compréhension d'eux-mêmes.

La Kabbale et vous

Quelle que soit votre motivation pour étudier la Kabbale, ce livre vous offre l'occasion de commencer à comprendre certains de ses concepts et de ses pratiques. Il convient de travailler dur et parfois de contester votre confortable système de croyance. Même s'il n'est pas nécessaire d'être un adepte dévoué à une religion, il est essentiel de se rappeler que la Kabbale est le produit de près de deux mille ans de dévotion à Dieu. Peu importe votre objectif religieux ; si vous abordez ce travail avec un esprit ouvert et respectueux, vous apprendrez quelque chose de la Kabbale. Les enseignements que vous en retirerez seront proportionnels à votre propre investissement. En outre, cet ouvrage, qui ne soutient ni ne rejette aucune des écoles ou associations qu'il mentionne, n'essaiera pas de vous convaincre d'adhérer à des croyances ou des pratiques religieuses spécifiques.

La recherche de la sagesse éternelle

Ces questions vous aideront à éclaircir votre situation spirituelle actuelle :

- ✡ *Que pensez-vous vouloir apprendre et pourquoi ?*
- ✡ *Quelles sont vos principales questions spirituelles ?*
- ✡ *Pensez-vous pouvoir être réceptif à des enseignements vieux de près de deux mille ans ?*
- ✡ *Que signifie pour vous la croissance spirituelle ?*

KABBALE *et* MYSTIQUES CHRÉTIENNES

Il existe différentes formes de Kabbales qui ont évolué à partir de diverses traditions des XVe, XVIe, XVIIe et XVIIIe siècles en Europe. Ces variantes constituent une part importante de la Kabbale et offrent un aperçu du développement complexe de la théologie chrétienne. Toutefois, ce livre est écrit dans une perspective juive, même si ses enseignements s'adressent à des personnes de toutes religions comme à des non-croyants.

▲ L'ARBRE DE JESSÉ
Ce psautier français du XIIIe siècle, à structure d'arbre, illustre la descendance linéale de Jessé et David jusqu'au Messie. Les saints et les anges gardent l'arbre à chaque étape.

LA KABBALE CHRÉTIENNE

La Kabbale chrétienne s'est développée à partir de deux sources. La première était constituée de convertis juifs au christianisme, de la fin du XIIIe à la fin du XVe siècle, qui produisirent de nombreux textes basés sur le *Zohar* et d'autres travaux kabbalistiques. Ces ouvrages tentaient de justifier une lecture chrétienne des enseignements kabbalistiques.

LA RENAISSANCE

La seconde source, plus significative, était l'Académie platonicienne de Florence, créée pendant la Renaissance sous le patronage de la famille Médicis. Le fondateur de cette école était Jean Pic de la Mirandole (Giovanni Pico della Mirandola, 1463-1494). Ses disciples et lui ont, pour la première fois, fait connaître à la conscience chrétienne toute une partie de la théologie juive auparavant inconnue. Ces érudits, imprégnés des enseignements de Pythagore et de Platon, pensaient que ces anciennes théories ne pouvaient être comprises que par le biais d'une lecture catholique de la Kabbale. En 1486, à Rome, Pic proposa neuf cents questions à débattre en public, dont quarante-sept étaient issues de la Kabbale juive et soixante-douze de ses propres conclusions sur la Kabbale. Une autre dérivation importante de la Kabbale juive fut l'introduction de la magie hermétique, issue du mouvement gnostique hermétique égyptien.

► MELENCHOLIA
Cette image d'Albrecht Dürer représente une femme, assise en bas d'une échelle, contemplant le rocher qui bloque son ascension spirituelle. Dürer connaissait certainement la Kabbale chrétienne, en plein essor au XVIe siècle.

LA RÉFORME

L'érudit allemand Johannes Reuchlin (1455-1522), chrétien spécialiste des études hébraïques, écrivit deux livres latins, *Sur le nom générateur de miracles* et *Sur la science de la Kabbale* (1517), suggérant que les noms de Dieu correspondaient à trois époques de l'histoire humaine. La première ou « époque naturelle », est caractérisée par la révélation de Dieu aux patriarches en Shadaï, dieu de la puissance. Durant la seconde époque, ou époque de la Torah, Dieu communique avec Moïse sous le nom de YHVH, le Tétragramme ou Grand Nom. La troisième époque est celle de la grâce où la lettre *shin* représentant le Logos (la parole du Christ) est ajoutée au Tétragramme pour former YHVShH, Yehoshua ou Jésus. Alors que le premier nom de Dieu, YHVH, était impossible à prononcer, Jésus représentait l'arrivée d'une déité au nom prononçable.

Les notions mystiques s'infiltraient dans tous les aspects de la culture ; les gravures d'Albrecht Dürer en sont un bel exemple.

▲ SAINT AUGUSTIN
Le Saint Augustin *de Carpaccio, représentant le saint étudiant son astrolabe, incarne l'idéal chrétien de l'érudit religieux. Le pouvoir de Dieu se manifestait également par l'éclipse de Soleil qui était considérée comme un signe sacré.*

NOTES *sur la* TRANSCRIPTION

- *Il existe plusieurs variantes de la transcription de l'alphabet hébreu. Les choix suivants ont été opérés dans ce texte :*
- *Les lettres* ch *sont utilisées pour la lettre juive* chet, *au lieu de la lettre pointée* h *ou* kh.
- *La lettre* k *est utilisée pour les lettres* kaf *et* kof *au lieu du* q*. La lettre* q *est généralement utilisée pour la lettre* kof *dans les ouvrages savants, pour distinguer un* kof *dur d'un* kaf *moins dur. Dans ce livre, la lettre* k *est utilisée pour les deux sons.*
- *Les lettres* kh *sont utilisées pour la lettre juive* chaf.
- *La lettre* f *est utilisée pour la lettre juive* fay, *au lieu de* ph.
- *Les lettres* tz *sont utilisées pour la lettre juive* tadzi.

L'ÉMERGENCE DES PRATIQUES OCCULTES

En Allemagne, où la Kabbale avait évincé de nombreuses pratiques superstitieuses, les érudits chrétiens commencèrent à incorporer les croyances kabbalistiques à la théologie chrétienne. Cornélius Agrippa de Nettesheim écrivit en 1531 *De Occulta Philosophia*, qui engendra une association largement répandue de la Kabbale chrétienne avec la numérologie et la sorcellerie. À cette époque, on assista à l'émergence des pratiques occultes de la Kabbale influencées par la pratique de l'alchimie. Un de ces plus grands érudits était Robert Fludd (1574-1637). Voyant que l'intérêt pour la Kabbale pratique allait croissant en Europe, le fondamentalisme chrétien réagit envers ces pratiques apparemment occultes par une chasse aux sorcières qui fit des milliers de victimes.

Il est intéressant de noter que l'essor de l'étude de la Kabbale juive à Safed, en Israël, n'a presque pas eu d'impact sur les développements survenus dans l'Europe chrétienne à cette même période.

LE XVIIe SIÈCLE

La popularité de la Kabbale chrétienne au XVIIe siècle est le fruit du travail de deux érudits. Jacob Boehme permit de rendre les notions théoriques plus accessibles. De même, Knorr von Rosenroth écrivit *Kabbalah Denudata* (1677-1684), qui révéla le mysticisme ésotérique et incorpora les idées lourianiques.

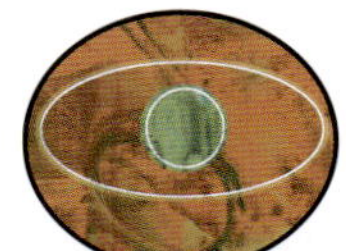

ÉLARGISSEZ VOS HORIZONS

Faites-vous une idée du défi qui vous attend en répondant à ces questions :

- *Jusqu'à quel point la sagesse d'autres traditions peut-elle s'intégrer à votre propre philosophie et à vos croyances religieuses ?*
- *Êtes-vous prêt à effectuer le travail nécessaire pour étudier un système de connaissance totalement nouveau pour vous ?*
- *Dans quelle mesure êtes-vous un produit de votre histoire culturelle et combien de vos idées sont le résultat de votre recherche personnelle ?*

CHAPITRE UN

LES QUATRE MONDES

La Kabbale divise l'univers en quatre mondes distincts mais étroitement reliés entre eux, qui se manifestent à la fois dans la sphère du divin et dans la sphère de l'humain. Ce concept s'inspire des prophéties bibliques d'Ésaïe :

Tous ceux qui sont appelés de mon nom,
et que j'ai, pour ma gloire, créés, formés et faits.

ÉSAÏE 43, 7

Pour les kabbalistes, les mots *créer*, *former* et *faire* sont à la base de leur vision complète du monde.
Ces quatre mondes sont :

ATSILUT

signifiant Proximité ou Émanation

BERIAH

signifiant Création

YETSIRAH

signifiant Formation

ASSIYAH

signifiant Action

ATSILUT

la Proximité, l'Émanation

אצילות *Le monde d'Atsilut, signifiant proximité ou émanation, est le plus élevé des quatre mondes. Il représente la volonté divine pure et parfaite. On dit que la création de l'univers résulte de l'émanation de la volonté divine avant l'existence de toute autre chose. La tradition enseigne également que Dieu prononça dix mots qui conduisirent à la Création, chacun d'eux étant un des noms et des aspects du divin.*

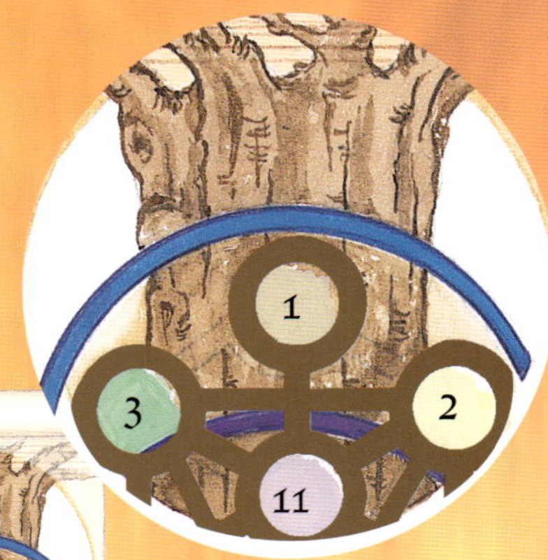

▲ LES RACINES DE L'EXISTENCE
Sur l'Arbre de vie, Atsilut est situé à la racine de notre univers métaphysique, spirituel et physique (voir à gauche). Ce monde comprend également les trois sefirot supérieures, ou sphères d'émanation (voir ci-dessus et ci-dessous).

▲ LE NOM DIVIN
Chacun des quatre mondes est associé à un nom divin de Dieu. Cette image du XVIIe siècle du nom divin YHVH associe l'émanation d'Atsilut à la première lettre du mot.

LE RAYONNEMENT INVISIBLE

Atsilut est associé à l'élément feu et au royaume de l'esprit ; c'est le monde de la lumière de Dieu qui pénètre dans notre monde et l'irradie. Toutefois, ce rayonnement est souvent invisible, excepté de ces sages qui ont consacré leur vie à la conscience spirituelle et acquis une compréhension des intentions divines.

Notre langue et notre culture renferment de nombreux exemples de reconnaissance de l'existence de cette lumière invisible et de sa capacité à être perçue. Nous « voyons la lumière » à des moments de révélation spirituelle exceptionnels ; nous ressentons une « étincelle » ou un « flash » d'inspiration ; nous utilisons une ampoule brillante comme symbole de compréhension. On dit des personnes saintes qu'elles « rayonnent de la lumière de Dieu ».

LE NÉANT ET LE BIG BANG

Le royaume d'Atsilut est relié à Ayn Sof, le Néant ultime, qui existait avant la Création, indépendant du temps et de l'espace. La théorie actuelle du « big bang » suggère qu'avant l'existence de notre univers, tout – l'Univers – était compacté

Parallèles spirituels

Dieu est connu sous le nom d'Ayn Sof, ou Néant sans fin ni commencement ; le dieu hindou Brahma est connu sous le nom de « Ni Ceci, Ni Cela ». Les trois divinités hindoues Brahma, Vishnou et Krishna sont comparées aux trois piliers du monde d'Atsilut : Brahma est le principe créateur, expansif, situé à droite ; Vishnou, le principe protecteur, réservé, à gauche ; Krishna, le principe d'accomplissement, le sauveur universel, au centre.

Le concept de kelippot *se reflète dans la virologie moderne qui considère les virus comme des noyaux sans formation cellulaire d'un acide nucléique dans une coquille de protéines. On pense qu'ils sont des formes de vies dégénérées dont l'acide nucléique s'est détaché d'organismes supérieurs, comparables aux* kelippot.

en un état de matière primordiale extrêmement dense contenant l'espace et le temps.

Le trou noir découvert par les astrophysiciens peut être une manifestation physique de la contraction et du néant exprimée par l'idée du Ayn Sof. Toute la matière et l'énergie sont aspirées dans un trou noir qui devient infiniment dense au centre ; la force gravitationnelle est tellement grande que la lumière elle-même est incapable d'en sortir. On ne le voit pas mais il est possible de le détecter.

Contraction et expansion

Tsimtsum est le terme désignant le processus par lequel la lumière divine s'est contractée, un concept qui vit le jour dans les enseignements kabbalistiques d'Isaac Louria au XVIe siècle. Ce retrait de la bonté et de la lumière infinies en un unique point a permis à tous les mondes d'exister. Il a provoqué également l'éclatement des vaisseaux qui contenaient cette énergie divine et, en conséquence, la dispersion d'étincelles sacrées dans les âmes de tout ce qui a été créé. Les écorces ou les coquilles de ces vases, les *kelippot*, devinrent la matière de notre monde, permettant au mal d'émerger et de combler les vides. Lorsque les vaisseaux contenant la lumière divine se brisèrent, tout est tombé de sa place d'origine et s'est séparé de Dieu. Les étincelles sacrées sont devenues le rappel de la tâche qui incombait aux kabbalistes : réparer les vases brisés et une fois encore, unifier la lumière de Dieu aux étincelles sacrées disséminées. Ainsi, *tikkun olam*, la restauration du monde, est une tâche à réaliser aujourd'hui : unifier les étincelles à l'intérieur de nous-mêmes à la volonté divine qui régit l'univers.

Atsilut est le royaume de la gloire de Dieu qui s'insinue dans les trois autres mondes et offre la possibilité d'approcher la bonté et la lumière parfaites, c'est-à-dire le Créateur divin.

▼ Le feu
Chacun des quatre mondes est associé à un aspect de l'énergie divine et à un des quatre éléments. Le feu, associé à Atsilut, représente l'esprit.

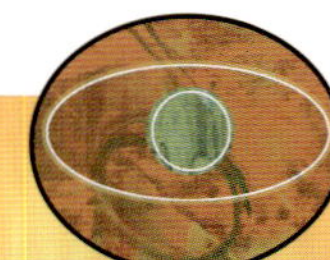

L'intention divine *dans* votre vie

Pour savoir si vous êtes en phase avec l'émanation divine, posez-vous les questions suivantes :

- ✡ *Quelle est votre volonté et quelles sont les motivations qui la sous-tendent ?*
- ✡ *Pensez-vous qu'une intention soit à l'origine de l'univers ?*
- ✡ *Votre volonté vient-elle de votre ego ou du pouvoir divin qui régit l'univers ? Comment faites-vous la différence ?*
- ✡ *Avez-vous jamais le sentiment de « voir la lumière » ?*

Essence *d'*Atsilut

Proximité	Lumière
Inspiration	Néant

Beriah

La création

בריאה *Le deuxième monde, Beriah, le monde de la création, est une émanation du premier monde, Atsilut. Situé sur le « tronc » de l'Arbre de vie, Beriah renferme l'énergie qui forme les particules terrestres essentielles des atomes, des éléments et des étoiles.*

▲ BERIAH
Descendant des racines du premier monde, le monde de Beriah transforme la volonté divine en créativité. Beriah relie également les trois sefirot supérieures (sphères de l'énergie) aux sefirot inférieures de l'Arbre de vie.

Sept jours d'ordonnance cosmique

Les sept jours, ou périodes, de création, tels que les décrit la Torah, sont une manifestation de la volonté de Dieu de faire exister le monde matériel. Tout d'abord, du vide préexistant survient la création de la lumière et de l'obscurité que l'Esprit divin accueillit avec bienveillance. Puis vient l'expansion (les cieux), qui sépara les eaux du haut de celles du bas. Le monde de Beriah gouverna ce deuxième jour, et les cieux se remplirent d'archanges au service de la volonté divine.

Le troisième jour présida à la création des terres et des océans, et le monde de Beriah glissa dans le monde de Yetsirah (formation), dans lequel l'idée créatrice commença à prendre forme. La végétation (et en particulier les plantes porteuses de graines) vit le jour.

Le quatrième jour, Dieu créa des lumières dans les cieux : le Soleil, la Lune et les étoiles pour commander le jour et la nuit et servir de signes du temps. Dans Beriah, le monde d'Atsilut se matérialisa sous forme de lumières. Les êtres vivants des océans et de l'air furent créés le cinquième jour, par l'action de l'air et de l'eau.

Finalement, le sixième jour, Dieu créa les êtres terrestres, en terminant par Adam, l'être humain, et en introduisant l'idée parfaite du monde de Beriah dans le monde tangible de Yetsirah, la formation. Après la création de cet ensemble, Dieu s'occupa de l'interaction et de l'équilibre entre la forme et la fonction, l'expansion et la contraction, et jugea son travail « excellent ». Le septième jour, Dieu se reposa, donnant ainsi naissance au concept de repos et du sabbat.

▼Adam et Ève
Adam et Ève franchissent la première étape de la connaissance dans le jardin d'Éden.

Beriah et l'intellect

Le monde de Beriah est comparable à l'intellect, la faculté de concevoir une idée et de la matérialiser. Mais avec l'intellect vint l'apparition du mal. L'humanité ne possédant pas l'équilibre inhérent et l'universalité de Dieu, la volonté personnelle se fraya un chemin différent de celui de la volonté divine. Les êtres humains, disposant du libre-arbitre, créèrent le mal. De cette croyance naquit la notion de récompense et de punition. La Kabbale considère cette faculté humaine de penser et de créer comme une partie de la mission qui

consiste à être une expression de la volonté divine. Sa réalisation nécessite un état de conscience totale que seule l'étude de la Torah et des ouvrages mystiques des kabbalistes permet d'atteindre.

Quatre éléments de forme créatrice

Chacun des quatre mondes correspond à un élément : Atsilut, le feu ; Beriah, l'air ; Yetsirah, l'eau et Assiyah, la terre. À l'image de la Terre qui s'est développée à partir de son état initial gazeux et ardent avant de se refroidir en prenant une forme liquide puis solide, la Kabbale envisage les mondes divin et humain comme des reflets de cette transformation.

Le *Sefer Yetsirah* (Livre de la Formation ou de la Création) évoque ainsi les éléments :

Les trois mères de l'Univers sont l'air, l'eau, le feu

Le Ciel fut créé à partir du feu

La Terre fut créée à partir de l'eau

Et l'air du Souffle décide entre eux.

SEFER YETSIRAH 3, 4

▲ DIEU ET LES COMPAS
Dans Beriah, l'intellect transforme l'inspiration en pensée créatrice. Sur cette image de William Blake, Dieu utilise un compas pour concrétiser un projet créateur.

CRÉER *et* DONNER FORME À VOS IDÉES

Examinez la manière dont vous utilisez votre esprit en répondant à ces questions :

- ✡ *Avez-vous permis à votre intellect de s'épanouir et de développer son potentiel ?*
- ✡ *À quelles fins exercez-vous votre esprit et votre intellect ?*
- ✡ *Vos idées naissent-elles de la volonté de votre ego ou traduisent-elles une prise de conscience du besoin universel d'équilibre et de réparation ?*
- ✡ *Votre créativité rehausse-t-elle votre vie spirituelle et la vie de ceux qui vous entourent ?*
- ✡ *Quelles mesures pouvez-vous prendre pour acquérir une conscience quotidienne du bon chemin à emprunter ?*

ESSENCE *de* BERIAH

Conscience	Compréhension
Créativité	Pur esprit

YETSIRAH

La formation

יצירה *Yetsirah décrit un processus continu de transformation. Dans la Genèse, Adam est le nom générique pour désigner le premier homme ; il est à la fois mâle et femelle (hermaphrodite). Plus avant dans le récit, Adam est transformé en deux êtres distincts, féminin et masculin ; Ève est créée à partir d'une côte d'Adam pour devenir sa partenaire. Yetsirah est l'expression de cette différenciation.*

▲ YETSIRAH
Dans le monde de la formation, la création est différenciée en formes uniques, l'émotion et l'ego. Yetsirah régule notre vie psychologique et biologique.

▲ LE JARDIN D'ÉDEN
Adam et Ève vivaient au Paradis dans un état d'innocence qui leur permettait d'interagir avec Dieu et les anges, mais après avoir enfreint la volonté de Dieu, ils sont devenus responsables de leurs actions.

UN PONT ENTRE LES MONDES

Alors que le monde de Beriah (la création) est initialement peuplé d'archanges, le monde de Yetsirah (la formation) est le royaume des anges où surviennent la différenciation et l'individuation. Charles Darwin a exposé sa théorie de l'évolution selon laquelle des formes variées d'une même espèce se développaient au fil du temps en vertu du principe de la « survie du plus apte » et de la transmutation. Dans Yetsirah, la différenciation se produit, les anges manifestant leur propre individualisme à la fois dans leur nature et leur rôle. La préoccupation de la forme, de la structure et de la fonction propre au XIXe siècle fut élucidée par Darwin qui nota que la différenciation nette entre les espèces se produisait avec le temps.

Beriah, le monde de l'intellect, se concentre sur l'intelligence et la sagesse, tandis que Yetsirah, le royaume de l'émotion, embrasse l'équilibre entre la force et la miséricorde et l'expression de la beauté. Dans le monde kabbalistique, la force et la miséricorde unies par la beauté, et la réverbération et l'éternité unies par le fondement, gouvernent les formes et les interrelations de la vie sur Terre. Les anges, dotés chacun d'un nom et d'un objectif différents, font le lien entre les mondes supérieur et inférieur pour faciliter le travail qui doit s'effectuer dans le monde d'Assiyah (l'action).

YETSIRAH ET LES ÉMOTIONS

Les êtres humains ont la capacité et la responsabilité de prendre conscience de la relation qui se manifeste entre le corps, l'émotion, l'intellect et l'esprit. Même si le cœur est maintenant perçu comme le centre des émotions, maintes traditions anciennes, dont la Kabbale, le considéraient comme le centre de la connaissance. Aujourd'hui encore, nous disons souvent « je le sens dans mon cœur » pour exprimer une compréhension dépassant la raison.

Comme l'explique Aryeh Kaplan dans sa traduction et son commentaire du *Sefer Yetsirah*, le cœur « domine l'âme » (6, 3). Le mot *lev* (*lamed-vet* en hébreu) signifie cœur et également le nombre trente-deux qui représente les trente-deux voies menant à la sagesse, l'accès au royaume de l'esprit. En outre, la Torah commence par la lettre *vet* et se termine par la lettre *lamed*. Comme elle

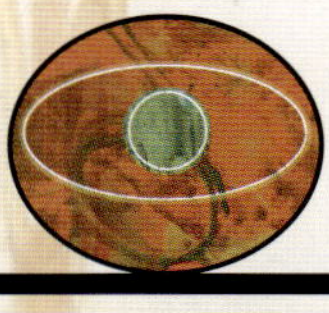

Parallèles spirituels

Le philosophe grec Platon (427-347 av. J.-C.) pensait que le monde matériel était une copie imparfaite de l'idéal qui existe dans un monde éternel parfait. L'amour platonique, produit des meilleures qualités d'une personne, inspire leur développement : on note là des affinités évidentes avec les principes de Yetsirah.

▲ Évolution de la vie
En germant, les graines engendrent des racines et des tiges. Les réponses phototropique (croissance vers la lumière) et géotropique (croissance vers la terre) des cellules sont un exemple de différenciation à l'intérieur de Yetsirah qui se manifestera plus tard dans le monde d'Assiyah.

est lue de manière cyclique chaque année, les deux lettres s'unissent pour former le mot *lev*, nous rappelant ainsi que la Torah est le cœur de l'enseignement de Dieu.

Le RÔLE *joué par* VOS ÉMOTIONS

Pour savoir si vos émotions contrebalancent le reste de votre personnalité, répondez aux questions suivantes :

- *Réagissez-vous de façon émotionnelle, affective, aux événements survenant dans votre vie ?*
- *Quels sentiments et quelles pensées guident votre discours ?*
- *Permettez-vous à votre cœur d'exprimer sa sagesse ?*
- *Votre vie – votre maison, votre travail, votre corps, vos relations – traduit-elle une compréhension de l'équilibre jugement/pouvoir d'un côté, et miséricorde/amour de l'autre ?*

Essence *de* Yetsirah

Émotion	Discours
Différenciation	Forme

ASSIYAH

L'action

Le monde d'Assiyah comprend l'action et le royaume du corps. C'est le monde terrestre que nous connaissons, peuplé d'êtres humains et d'animaux en interaction avec la vie végétale et le monde inorganique. Les mondes supérieurs descendent et interagissent avec le royaume d'Assiyah (l'action) de telle sorte que ce qui émane de l'inspiration, la création et la formation, puisse être parachevé. Assiyah est donc lié au concept d'accomplissement.

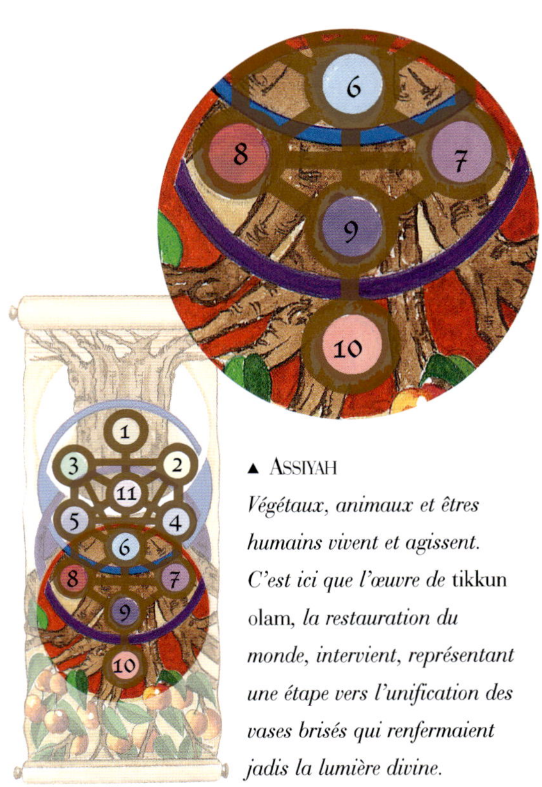

▲ ASSIYAH
Végétaux, animaux et êtres humains vivent et agissent. C'est ici que l'œuvre de tikkun olam, *la restauration du monde, intervient, représentant une étape vers l'unification des vases brisés qui renfermaient jadis la lumière divine.*

▶ TRAVAIL MANUEL
Cette xylographie médiévale pourrait représenter une scène de vie dans Assiyah : les hommes travaillent dur pour subvenir à leurs besoins. Une figure souveraine, représentant la hiérarchie à l'intérieur de la sefirah de Malkhut, supervise les événements (voir pages 52-53).

▶ MAINS SACRÉES
Ces deux mains déployées pour former la bénédiction sacerdotale figurent une unification kabbalistique des quatre lettres composant le nom de Dieu, YHVH.

ASSIYAH ET LE MONDE DE LA NATURE

Dans Assiyah, les éléments chimiques créés dans Yetsirah se combinent en une existence animale, végétale et minérale. Les cellules animales et végétales fonctionnent selon le principe « en bas comme en haut ». Il y a correspondance entre les processus du monde inférieur d'Assiyah d'une part, et les énergies de Yetsirah, Beriah et Atsilut (formation, création, proximité) d'autre part.

L'ADN, cette molécule complexe qui renferme tout ce dont a besoin la cellule pour fabriquer des protéines, peut être considéré comme une expression physique de l'Arbre de vie (voir page 30). Les colonnes de nucléotides s'apparient selon une séquence qui porte le code génétique de l'organisme. Les bases sont reliées les unes aux autres par des liens horizontaux et la structure entière s'enroule en une double hélice. La comparaison avec l'Arbre de vie kabbalistique met à jour une corrélation entre les réalités scientifique et métaphysique.

ASPECTS DU DIVIN DANS ASSIYAH

Les sefirot qui dominent le monde d'Assiyah sont

Hod (la Splendeur ou la Réverbération) et Netzach (le Triomphe et l'Éternité). Elles sont séparées par Yesod (le Fondement) et reliées aux mondes supérieurs grâce à l'énergie de Tiferet (la Beauté). La vie quotidienne et le travail du monde prennent place dans la sefirah de Malkhut (la Royauté). L'énergie qui descend des sefirot supérieures trouve son expression dans le royaume terrestre.

La tradition juive enseigne que les hommes sont faits « à l'image de Dieu » ; elle ne veut pas dire qu'ils lui ressemblent mais nous rappelle plutôt

que dans chaque être humain se trouve une étincelle sacrée appartenant à Dieu et que notre nature reflète la bonté de Dieu. C'est grâce à l'interaction équilibrée du corps, des émotions et de l'esprit que nous exprimons notre potentiel divin

La voie vers l'unification

« Il n'est pas de votre devoir d'achever l'œuvre, mais vous n'êtes pas pour autant autorisé à renoncer. » Cet enseignement d'un sage du IIe siècle, Rabbi Tarfon, précède de beaucoup l'émergence de la Kabbale. Il était réputé favoriser l'accomplissement des commandements plutôt que l'étude, et ses commentaires laissent deviner la notion kabbalistique selon laquelle l'action dans le monde d'Assiyah est la voie de l'unification avec Dieu. Chaque tâche que nous exécutons offre une occasion de se consacrer au travail de restauration et d'unification. Nous n'avons aucune idée des ramifications de nos actions ; une bonne action, par exemple, peut faire pencher les plateaux de la balance pour le monde entier.

▼ Science de la nature
La forme géométrique des cristaux est un exemple de la merveille de la création, car chacun est unique et possède une structure moléculaire spécifique.

Exprimez votre potentiel divin

Réfléchissez à ces questions pour savoir si votre corps, vos émotions et votre esprit coopèrent avec Dieu :

- ✡ *Dans vos actes quotidiens, pensez-vous souvent aux conséquences de ce que vous faites ?*
- ✡ *Identifiez-vous le travail à effectuer tout en omettant de le faire ?*
- ✡ *Comment motivez-vous vos actions et vos relations de façon à atteindre l'objectif de restauration et d'unification ?*
- ✡ *Reconnaissez-vous la nature sacrée de votre corps, la respectez-vous et en prenez-vous soin ?*

Essence d'Assiyah

Corps	Nature
Travail	Restauration

CHAPITRE DEUX

L'ARBRE DE VIE

La Kabbale explique la réalité au moyen de l'Arbre de vie. Il plonge ses racines dans l'Espagne du XIIe siècle, époque où les kabbalistes ont écrit le Sefer ha-Bahir, *le* Livre de la Clarté, *une vision de l'univers qui est à l'origine de notre monde visible et le gouverne.*

L'Arbre est composé des dix sefirot qui sont des sphères d'attributs divins :

1 KETER

signifiant Couronne

2 CHOKHMAH

signifiant Sagesse

3 BINAH

signifiant Intelligence

4 CHESED

signifiant Miséricorde

5 GEVURAH

signifiant Justice ou Pouvoir

6 TIFERET

signifiant Beauté

7 NETZACH

signifiant Endurance

8 HOD

signifiant Gloire

9 YESOD

signifiant Fondement

10 MALKHUT

signifiant Royauté

QU'EST-*ce que* L'ARBRE *de* VIE ?

Dans la Genèse (2,9), il est dit qu'au jardin d'Éden, Dieu fit pousser des arbres beaux à voir et bons à manger, dont l'Arbre de vie et l'Arbre de la connaissance du bien et du mal. L'Arbre de vie, source d'immortalité et du rayonnement de Dieu, fut donné à l'humanité.

Les premiers kabbalistes, inspirés par l'image de cet Arbre de vie, comparaient la Torah elle-même à un arbre. L'Arbre est composé de dix sefirot, ou sphères d'attributs divins. Ces attributs sont reliés au mot hébreu *sappir*, signifiant saphir, qui désigne le rayonnement de Dieu.

L'ARBRE QUI CONTIENT TOUT

L'arbre cosmique est considéré comme la source de la vie : de la Couronne (Keter) qui forme les racines d'où émane chaque chose, on descend par le pilier central ou tronc de la Connaissance (Da'at), de la Beauté (Tiferet), du Fondement (Yesod), jusqu'aux branches de la Royauté (Malkhut). Les piliers droit et gauche représentent des qualités en opposition dynamique et en équilibre. Face à l'arbre, elles s'alignent ainsi sous les piliers :

PILIER GAUCHE	PILIER DROIT
Féminin (passif) Principes	**Masculin (actif) Principes**
Ève	Adam
Sombre	Clair
Loi écrite	Loi orale
Discipline	Amour
Théorie	Pratique
Intellect rationnel	Sagesse intuitive
Justice	Miséricorde

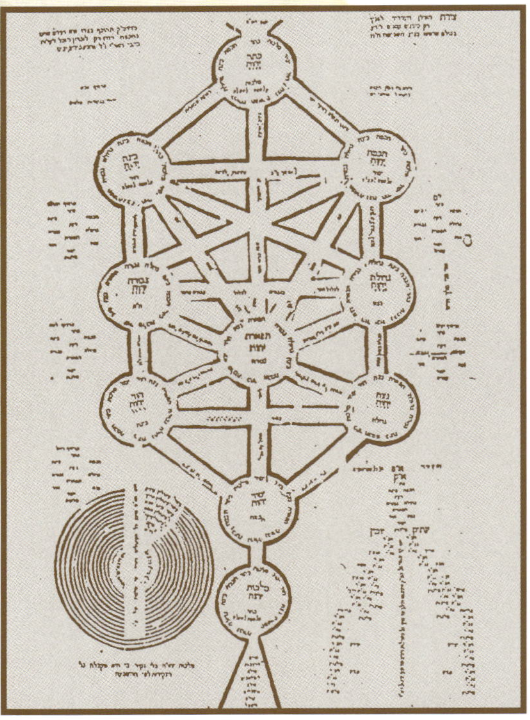

▸ THÉORIE DE L'ÉMANATION
Cette illustration de 1708 est basée sur la théorie de l'émanation de Louria. Selon Louria, le diable est sorti de Dieu au moment où les vases renfermant la lumière divine se sont brisés et les kelippot (coquilles) ont été dispersées dans le monde inférieur pour former la Création.

La Torah est appelée Arbre de vie… Tout comme un arbre comprend des branches et des feuilles, une écorce, de la sève et des racines, chacun de ces composants peut s'appeler arbre… vous trouverez aussi que la Torah renferme maintes choses tournées vers l'intérieur et vers l'extérieur, et toutes forment une Torah unique et un arbre, sans que l'on puisse différencier les deux…

MOÏSE DE LEÓN
SEFER HA-RIMMON

Chaque paire de qualités figurant dans les piliers de l'Arbre de vie est gouvernée par les sefirot ; tous les dix (plus la onzième, la non-sefirah Da'at) renferment les attributs du divin et le système qui est à l'origine de toute vie.

L'Arbre de Louria

Au fil des siècles, les versions de l'Arbre de vie se sont multipliées. La plus remarquable est le système mis en avant par Rabbi Isaac Louria, appelé le Ari (« le Lion »). Il vécut en Palestine au XVIe siècle, étudia puis enseigna dans la ville de Safed, grand centre de la mystique juive et de l'étude de la Kabbale.

L'Arbre de vie lourianique était conçu comme une application pratique de la connaissance mystique dans la lutte contre le mal et au service des intentions divines. Il constituait non seulement une description de la structure et de la nature de l'univers, mais aussi un moyen de rendre sa vertu à une société considérée comme déséquilibrée, en particulier après l'expérience de l'expulsion des Juifs d'Espagne, en 1492.

◄ Symbole de la chute
Alors que la pomme est une image chrétienne essentielle dans l'histoire de la Création, les kabbalistes puisèrent leur inspiration dans l'image positive de l'Arbre de vie.

◄ Connaissance nouvelle
L'Arbre de la connaissance du bien et du mal était la seule source de nourriture interdite à Adam et Ève. En mangeant le fruit de cet arbre, ils ont pris conscience de leur nudité et se sont rendus responsables de leurs actes.

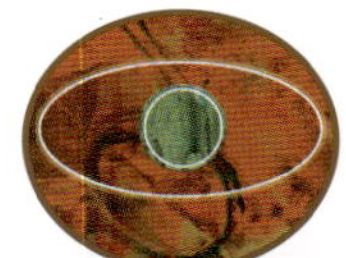

La ROUTE *de la* VERTU

Vous pouvez utiliser l'Arbre de vie pour examiner votre propre sens de l'équilibre. Pour commencer, posez-vous les questions suivantes :

- ✡ *Dans votre vie, laissez-vous se manifester vos qualités masculines comme vos qualités féminines ?*
- ✡ *Vos relations sont-elles équilibrées ou oscillent-elles d'un extrême à l'autre ?*
- ✡ *Comment pourriez-vous commencer à créer un équilibre dynamique dans les actions que vous réalisez chaque jour ?*

Essence *de l'*Arbre

Actif
Passif

Du COSMOS à *l'*ÂME

La tradition orale juive suggère qu'au début, Dieu a enseigné aux anges les secrets de la Kabbale. On pense que les anges ont enseigné la sagesse de la Kabbale à l'humanité pour offrir aux hommes un moyen de revenir à Dieu après la Chute dans l'Éden. Ce secret a été transmis à Noé, Abraham et Moïse qui l'ont transmis à leur tour, ainsi que la Torah, aux aînés de la Grande Assemblée par l'intermédiaire de Josué.

► TABLES DE PIERRE
Lorsque Moïse gravit le mont Sinaï, il y avait du tonnerre et des éclairs et la Terre tremblait. Il descendit avec les tables de la Loi gravées par Dieu. On raconte qu'à cette époque, Moïse reçut l'intégralité de l'enseignement de Dieu, complet et parfait.

LES TROIS PILIERS

Un des derniers survivants de la Grande Assemblée, Simon le Juste, disait :

Le monde repose sur trois choses :
la Torah,
le service ou la prière,
les actes d'amour-bonté.

PROVERBES DES PÈRES

Ces piliers du judaïsme se retrouvent plus tard dans le processus kabbalistique de travail d'unification par la contemplation, la dévotion et l'action.

L'Arbre de vie n'est pas explicitement mentionné dans les premiers écrits kabbalistiques, le *Sefer Yetsirah*. Cependant, les ouvrages ultérieurs que sont le *Sefer ha-Bahir* et le *Zohar* décrivent clairement les sefirot :

Tous les pouvoirs divins forment une succession
de couches et sont comme un arbre.

SEFER HA-BAHIR

Maintenant l'Arbre de vie s'étire du haut vers le bas,
il est le Soleil qui illumine tout.

ZOHAR

Ainsi l'Arbre de vie devient la forme idéale pour décrire le mouvement de l'inspiration, de la sagesse et de l'énergie divines qui va du haut vers le bas, et les aspirations simultanées de l'humanité à s'élever jusqu'au royaume de Dieu.

LES DIX COMMANDEMENTS

L'Arbre sert aussi à décrire le don des Dix Commandements. Les kabbalistes voient les Dix Commandements comme la prescription d'un mode de pensée, de dévotion et d'action. Chaque commandement est l'expression d'une des sefirot.

EN RELATION AVEC LE DIVIN

Les trois premiers commandements prescrivent la relation des hommes avec Dieu ainsi que le lien avec le monde spirituel d'Atsilut et le monde intellectuel de Beriah.

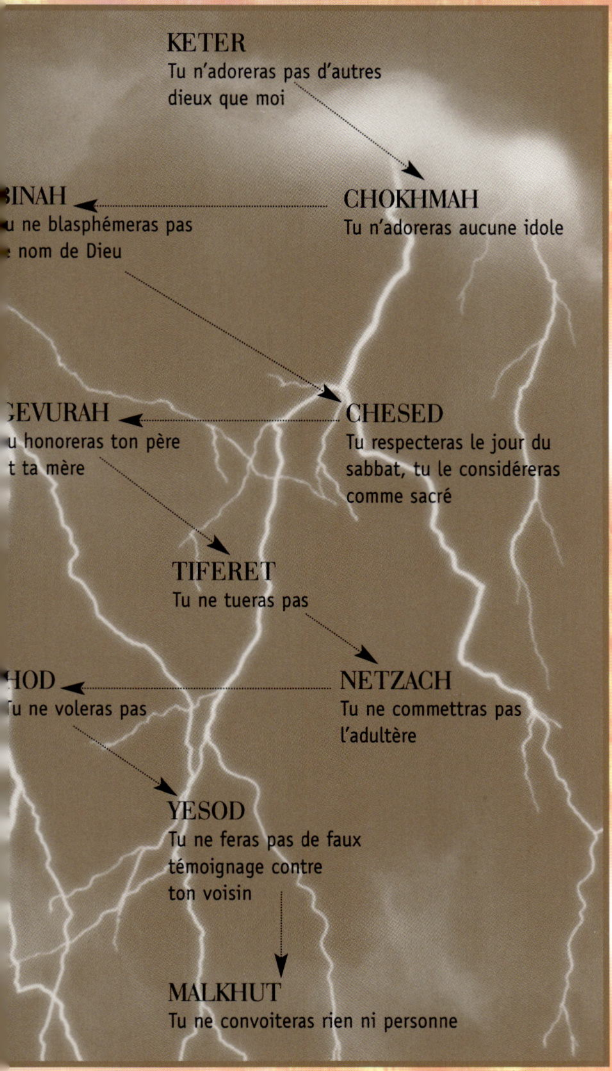

◄ ÉCLAIR
La volonté divine émane de l'Arbre de vie tel un éclair, chaque sefirah étant reliée à l'un des Dix Commandements.

Le Premier Commandement présente Dieu comme une expression d'unité parfaite. Le Deuxième Commandement interdit à quoi que ce soit de s'immiscer entre l'humanité et Dieu ; les idoles sont prohibées afin d'empêcher les hommes de s'égarer dans une compréhension malavisée de la déité. La vénération du succès, de l'argent, de la sainteté ou de la beauté est considérée comme de l'idolâtrie. Le Troisième Commandement établit le lien entre la parole et une prise de conscience de la sainteté de Dieu. Jurer en utilisant le nom de Dieu revient à trahir la relation spéciale avec le Divin.

La relation à l'humanité

Le Quatrième Commandement pénètre dans le monde de Yetsirah, en reliant le souvenir et la préservation du sabbat à la formation du monde et au repos de Dieu qui s'arrête de créer. Le Cinquième Commandement impose une relation émotionnelle entre les enfants et leurs parents ; le respect et l'honneur sont synonymes de longue vie, car ils expriment la relation entre l'humanité (les enfants) et Dieu (les parents).

Comportement humain et volonté divine

Les Commandements Six à Dix, tous des interdictions, décrivent le monde stimulant d'Assiyah (l'action). Un être humain, façonné à l'image de Dieu, doit vivre et manifester les attributs divins en action. Nous sommes là au niveau terrestre où la tentation peut anéantir la volonté d'accomplir une bonne action.

Parallèles spirituels

Dans l'architecture bouddhiste, le stupa et la pagode sont une expression de l'Arbre en tant qu'axe central de l'univers ; chaque niveau représente un pan de l'existence que les adeptes aspirent à transcender.

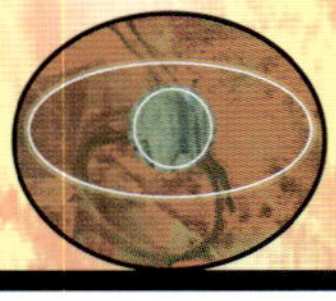

Vivre *dans la* dimension divine

Répondez à ces questions pour clarifier les fondements de vos actions :

- ✡ *Quels sont les piliers sur lesquels repose votre monde ?*
- ✡ *Comment formulez-vous vos règles du « bien agir » et du « bien penser » ?*
- ✡ *Comment intégrez-vous l'interprétation kabbalistique des Dix Commandements à vos pensées et vos actes quotidiens ?*

Essence *de l'*Unification

Contemplation — Dévotion

Règles pour accomplir la bonne action

L'Arbre de vie aujourd'hui

Bien que l'Arbre de vie date de plus de six cents ans, sa structure et sa fonction ont toujours un sens aujourd'hui. À mesure que notre connaissance du monde, de l'esprit et du corps augmente, nous voyons qu'un grand nombre de notions kabbalistiques fondamentales se retrouvent dans les sciences, la philosophie et la psychologie actuelles.

La psychologie du rêve

Jung donna une dimension spirituelle à l'interprétation des rêves et des symboles. Il les voyait comme l'expression d'archétypes, comme des images primordiales issues de « l'inconscient collectif » de l'humanité. Pour Jung, l'Arbre de vie représentait le moi « transpersonnel » qui unit le conscient et l'inconscient, qui symbolise l'achèvement potentiel de l'être.

Les sefirot sont censées gouverner divers aspects de l'être : physiologique, affectif et psychologique. Deux arbres reliés entre eux permettent de montrer en quoi tous les processus humains sont en harmonie avec la structure de l'Arbre de vie. Notre cerveau, notre colonne vertébrale, nos organes génitaux et nos pieds s'alignent le long du pilier ou tronc central, supervisés par Keter, Da'at, Tiferet, Yesod et Malkhut. Notre côté gauche est gouverné par Binah, Gevurah et Hod, et notre côté droit par Chokhmah, Chesed et Netzach.

Les conséquences du déséquilibre

Tout déséquilibre entre les paires ou les triades risque de se manifester sous la forme d'un dysfonctionnement physique et psychologique. Le fonctionnement sain des systèmes nerveux et endocrinien ainsi que des organes dépend du maintien d'un certain équilibre entre les triades inférieure et médiane. Par exemple, une personne qui a tendance à exercer son jugement et son pouvoir, au lieu d'être miséricordieuse et de partager l'amour, peut ressentir des troubles du métabolisme ou un dysfonctionnement hormonal. Au niveau psychologique, le fait de dépendre de l'intellect rationnel, aux dépens de l'intuition et de la compréhension spirituelle, peut entraîner une incapacité à partager ses émotions avec les autres et à exprimer ses sentiments. La personne intuitive qui ignore l'importance de l'apprentissage et de la raison risque d'être sujette à des crises émotionnelles et incapable de recevoir l'amour offert par les autres.

L'ADN et l'arbre de vie

La découverte de la structure moléculaire de l'ADN, effectuée en 1962 par Francis Crick, James Watson et Maurice Wilkins, a permis au monde de comprendre la transmission du patrimoine génétique. Depuis, les immenses modèles moléculaires qu'ils ont construits ont été observés, identifiés et analysés pour montrer comment toutes les caractéristiques héréditaires d'un organisme sont déterminées et transmises.

Si l'on compare ou superpose la structure en double hélice de l'ADN à l'Arbre de vie, une étonnante similitude apparaît. Le pilier central de la molécule d'ADN forme le tronc encerclé par les deux filaments de sucre et de phosphate. Ceux-ci forment une échelle sur laquelle les paires de bases se combinent pour constituer les échelons. Il existe soixante-quatre manières de classer les combinaisons des quatre bases en groupes de trois pour créer les vingt acides aminés qui composent les

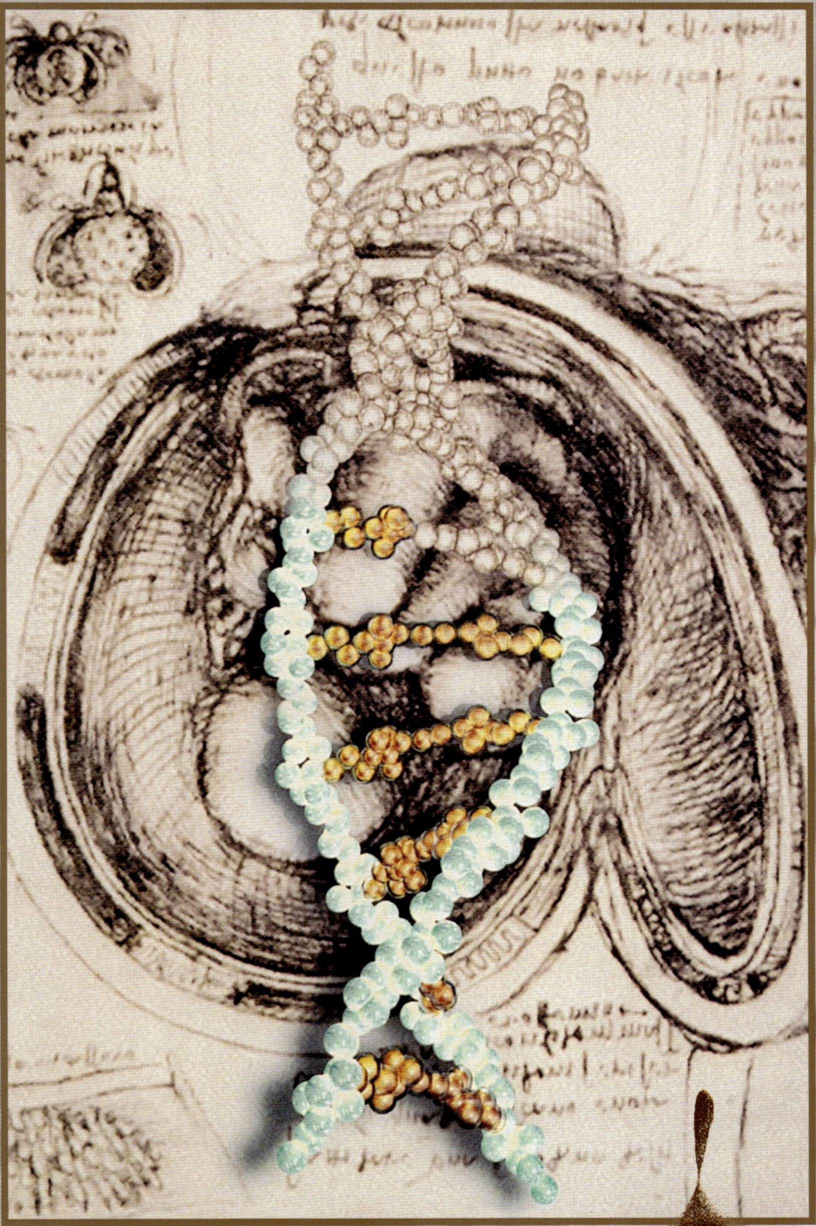

protéines. Comparons cela aux vingt-deux lettres de l'alphabet hébreu et aux 231 combinaisons possibles, appelées les 231 portes, ainsi qu'aux dix sefirot, qui se combinent pour créer trente-deux voies. Ensemble, ces voies et ces portes constituent une base de vie spirituelle structurée et un moyen de parvenir à la prise de conscience.

► L'HOMME PRIMORDIAL
Les kabbalistes superposent l'Arbre de vie au corps de l'homme primordial qui aurait été créé à l'image de Dieu.

PARALLÈLES SPIRITUELS

Dans la tradition hindoue, la vie émerge de l'Arbre de la vie et de la connaissance au centre duquel se trouvent le lotus, le soleil et la roue du karma.

Les images chrétiennes de l'Arbre dans le jardin d'Éden et de la croix de la Crucifixion relient directement la source de la Chute à la Rédemption.

◄ ARBRE MICROSCOPIQUE
La structure en double hélice de l'ADN forme l'échelle sur laquelle les paires de bases se combinent pour constituer les barreaux. Ce schéma éternel est comparable à l'ordre rigoureux qui gouverne l'Arbre de vie.

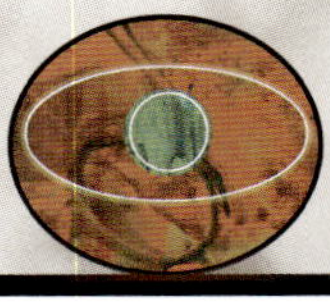

TROUVEZ *la* VOIE *de l'*ACCOMPLISSEMENT

Laissez-vous guider par ces questions dans votre recherche de la spiritualité :

- ✡ *Considérez l'Arbre comme un symbole dans votre vie. Quelles images vous suggère-t-il ?*
- ✡ *Pensez à votre état physique et émotionnel. Comment une prise de conscience quotidienne de l'Arbre de vie et de votre corps vous aide-t-elle à être en bonne santé, ou à recouvrer la santé ?*
- ✡ *Quels chemins ou connexions semblent se présenter plusieurs fois dans votre vie, et quels enseignements pouvez-vous en tirer quant au chemin à prendre ?*

ESSENCE *de l'*ÉQUILIBRE

Symboles	Équilibre
Connexions	Santé

LES SEFIROT

L'Arbre de vie possède dix nombres primordiaux, les sefirot, ou sphères d'attributs divins ou d'énergie. Appelées « les dix sefirot du Néant », elles sont interprétées comme des « sans rien », c'est-à-dire des concepts spirituels idéalisés, sans nature physique. Malgré leurs caractéristiques métaphysiques, les sefirot sont reliées à tous les aspects de la réalité et de l'expérience humaine.

Les sefirot sont mentionnées au tout début du *Sefer Yetsirah*, le premier texte kabbalistique. Elles sont étroitement associées aux mots hébreux *mispar* (compter), *sefer* (livre) et *sippur* (communication). Le mot *sappir* (saphir) désigne le pouvoir de rayonnement des sefirot.

LES NOMS DU DIVIN

Les anciens rabbins trouvèrent de nombreux noms pour Dieu, l'esprit divin qui avait créé le monde et le gouvernait. Le plus connu est le tétragramme, YHVH, le nom servant à désigner Dieu dont les quatre lettres incarnent la nature éternelle et inconcevable du divin. Au fil des siècles, chaque sefirah a été associée à un nom particulier de Dieu qui exprime ses qualités propres.

LES SEFIROT ▸
Les sefirot sont les attributs immatériels de Dieu.

1 KETER *Couronne*
Keter se trouve au sommet de l'Arbre de vie, dans le royaume supérieur de l'Émanation.

2 CHOKHMAH *Sagesse*
Révélation et inspiration.

3 BINAH *Intelligence*
L'intellect et la raison. Dans cette sphère se trouve Da'at, **11**, représentant la connaissance venue de Dieu.

4 CHESED *Miséricorde*
Tolérance, amour-bonté expansif.

5 GEVURAH *Justice ou Pouvoir*
Contrôle, discipline et discernement.

6 TIFERET *Beauté*
Équilibre et grâce.

7 NETZACH *Éternité*
Triomphe, détermination, éléments instinctifs et impulsifs.

8 HOD *Gloire*
Énergies passive et cognitive, prophétie et communication.

9 YESOD *Fondement*
Énergies génératrice et réfléchissante. Union du sentiment, de la pensée et de l'action.

10 MALKHUT *Royauté ou Présence*
Complément de Keter. Représente la présence de Dieu dans le monde matériel ainsi que l'action humaine.

1
2
3
4
5
6
7
8
9
10

① KETER *la Couronne*

כתר *La sefirah la plus élevée est Keter, la Couronne. Incarnant l'esprit de Dieu et la volonté divine, c'est le plus haut barreau de l'échelle conduisant à Dieu. Cependant, Dieu est séparé des sefirot et se situe au-delà d'elles. Ainsi, celui qui recherche la vérité doit-il savoir qu'en atteignant la sefirah, il ne connaît pas pour autant Dieu.*

▲ COURONNE DE DIEU
Keter représente la lumière et la volonté divines. Son pouvoir n'est pas directement ressenti dans le monde terrestre, mais son essence se diffuse vers le bas par l'intermédiaire des sefirot.

Keter est la racine de l'Arbre de vie ; elle est située au sommet et produit ses émanations vers le bas. Elle est en même temps l'aboutissement de la pratique spirituelle. Seuls les plus grands sages sont capables de l'atteindre. Même Moïse, avec qui Dieu partagea l'enseignement appelé Torah, ne pouvait voir le visage du Divin, car la lumière de Keter est trop puissante pour l'humanité.

L'ORIGINE DES SEFIROT

Les kabbalistes ont utilisé la Bible comme source et justification de leur métaphysique. Les trois premières sefirot – Keter, Binah et Chokhmah – et la non-sefirah Da'at sont tirées de l'Exode :

J'ai appelé par son nom Beçalel, je l'ai rempli de l'esprit de Dieu pour qu'il ait sagesse, intelligence et connaissance.

EXODE (21, 3)

► À LA GLOIRE DE DIEU
Les couronnes sont l'ornement traditionnel des rouleaux de la Torah dans les synagogues. Elles rappellent aux fidèles que la Torah est au cœur de l'enseignement de Dieu.

MOTS CLÉS	PERSONNIFICATION
Volonté	Leaders déterminés (Martin Luther King Jr.)
Inspiration	Leaders visionnaires (Mahatma Gandhi)
Esprit	Saints spirituels

Relier les sefirot

Chaque sefirah, excepté Malkhut, est reliée à quatre ou six autres, sous la forme de triades et de voies horizontales, verticales et diagonales. Le *Sefer Yetsirah* s'ouvre par une déclaration sur la façon dont Dieu a créé l'univers :

> *Par les trente-deux voies mystiques de Sagesse,*
> *Yah le Seigneur des Hôtes a gravé, le Dieu d'Israël,*
> *le Dieu vivant, le Roi de l'Univers, El Shaddaï,*
> *miséricordieux et bienveillant, haut et exalté demeurant*
> *dans l'éternité, dont le nom est sacré, Il est noble*
> *et sacré, et a créé son univers par trois livres,*
> *par du texte, des nombres et de la communication.*
>
> SEFER YETSIRAH (1, 1)

Ces trente-deux voies mystiques renvoient aux dix sefirot et aux trente-deux lettres de l'alphabet, chaque lettre représentant une des voies reliant les sefirot.

Chacune des sefirot peut être comprise par ses nombreuses associations, qui montrent combien elles sont devenus intrinsèques à la compréhension de l'univers.

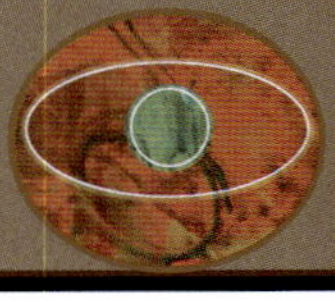

◂ La tête cosmique *D'après Louria, les sefirot sont des évocations du visage de l'homme primordial. Chaque sefirah met l'accent sur un aspect particulier, et de lui dépend la vie de toute chose. Cette illustration est extraite de* Kabbala denudata, *1684.*

Associations de Keter

NOM DIVIN	Ehiyeh asher ehiyeh—je serai ce que je serai, JE SUIS
ATTRIBUT DIVIN	Équilibre et commencement de l'existence, émanation
COMMANDEMENT	Je suis YHVH, votre Dieu
PILIER	Central, volonté
COULEUR	Lumière blanche aveuglante
PLANÈTE	Neptune ou Pluton, selon les interprétations
ÉPOQUE	Présent éternel
DIRECTION	Le bien (extrait du *Sefer Yetsirah* 1, 5)
ÉLÉMENT	Souffle de Dieu, comme dans le *Sefer Yetsirah*
ANGE	Métatron, archange qui garde le trône de Dieu
NOTE MUSICALE	Do
CORPS PHYSIQUE	Au-dessus de la tête et du cerveau
CORPS PSYCHOLOGIQUE	Conscience spirituelle, inspiration divine

Au-delà de l'existence matérielle

Ces questions vous aideront à trouver les forces de Keter et à connaître une réalité plus vaste et plus stimulante :

- ✡ *Avez-vous l'impression d'avoir un objectif plus noble dans votre existence ?*
- ✡ *Vous laissez-vous inspirer ?*
- ✡ *Avez-vous conscience que votre volonté n'est pas la volonté divine, et qu'il vous faudra parfois choisir entre les deux ?*

Essence de Keter

Keter, expression vivante de la volonté de Dieu, se situe très haut au-dessus des hommes.

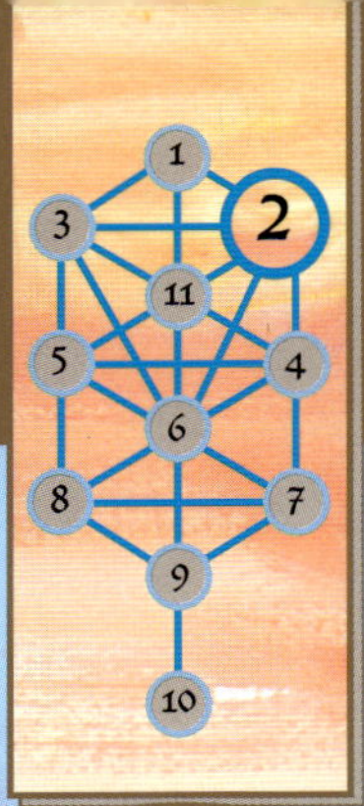

2 CHOKHMAH *la Sagesse*

חכמה *La seconde sefirah, Chokhmah (la Sagesse), vient juste après l'émanation de Keter (la Couronne) dans le monde d'Atsilut (la Proximité). C'est le royaume de l'esprit, mais elle gouverne le type de sagesse qui accompagne la révélation et les éclairs d'inspiration. Appariée à Binah (l'Intelligence), Chokhmah, qui se situe sur le pilier droit de la miséricorde, est considérée comme l'expression de l'énergie masculine.*

► TRANSMISSION DE LA LUMIÈRE
On représente Chokhmah par un éclair, car elle ajoute la sagesse à la lumière divine de Keter et transmet ce pouvoir à Binah.

Le seigneur a fondé la Terre par la sagesse,
affermissant les cieux par la raison.
C'est par la science que se sont ouverts les abîmes,
et que les nuages ont distillé la pluie.
PROVERBES (3, 19-20)

Dans le monde d'Atsilut, ces sefirot forment la source de la lumière dans le monde supérieur qui illumine le monde de la création. Bien que les qualités gouvernées par Chokhmah et Binah n'affectent pas directement notre monde physique, les hommes cherchent à les atteindre par le biais de l'étude, de la prière et des bonnes actions.

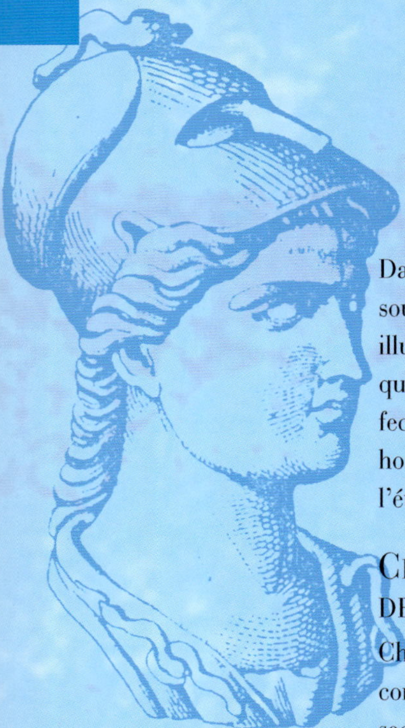

▲ PARALLÈLES GRECS
Dans la Grèce antique, la notion de sagesse était personnifiée par l'image de Sophia.

CHOKHMAH, INCARNATION DE LA SAGESSE

Chokhmah a été identifiée par certains kabbalistes comme la Torah primordiale (sofia), la sagesse secrète de Dieu révélée à partir du Néant. Bien que la Torah soit considérée comme un mot et un concept féminins, la position de Chokhmah sur l'arbre témoigne de la nature masculine partageuse de l'énergie de l'enseignement de Dieu. Les représentations humaines et divines ne font pas partie de l'art juif à cause de l'interdiction des idoles ; cependant, les traditions ultérieures ont exprimé la sagesse sous une forme féminine.

▼ LE ROI SALOMON
Les yeux du roi Salomon sont levés vers Dieu, à la recherche de l'inspiration.

La sagesse de Salomon et de Moïse

Le roi Salomon était considéré comme un homme incarnant l'attribut divin de Chokhmah. Le Cantique des Cantiques, qui lui est attribué, constitue le meilleur exemple biblique de poème d'amour, illustrant le qualité divine de l'amour qui transcende le monde physique. Dans le *Zohar*, on dit que Moïse a été « taillé là où nul autre être humain n'a été taillé », ce qui signifie qu'il provient de Chokhmah, à la différence des autres hommes qui sont formés dans la sefirah de Malkhut.

Les étincelles sacrées

Le *Zohar* mentionne que la lumière divine a jailli de Dieu sous la forme d'un éclair éblouissant, une étincelle qui a rayonné dans 370 directions. Au début, l'étincelle est restée immobile jusqu'à l'apparition d'une aura pure tourbillonnante au-dessus de l'étincelle. De la sefirah de Keter, l'étincelle s'est déplacée le long de l'éclair jusqu'à Chokhmah, berceau de l'aura pure, qui l'a enveloppée. Celle-ci demeure maintenant cachée et transmet la puissance des émanations ultérieures à Binah.

Le travail d'unification kabbalistique consiste à mener une vie exemplaire en pratiquant la contemplation, le dévotion et l'action pour réunifier ces étincelles sacrées.

MOTS CLÉS	PERSONNIFICATION
Sagesse	Philosophes (Confucius, roi Salomon)
Révélation	Novateurs religieux (Bouddha)
Lumière	Philosophes inspirés (Platon)
Mémoire	Conteur, griot ou chamane

► Sagesse de l'Orient *Bouddha, qui accéda à la clairvoyance par son expérience du monde et de la souffrance humaine, peut être considéré comme l'incarnation orientale de Chokhmah.*

Associations *de* Chokhmah

NOM DIVIN	YHVH – Dieu éternel, Tétragramme
ATTRIBUT DIVIN	Sagesse
COMMANDEMENT	Tu n'adoreras pas d'autres dieux que moi [pas d'idoles]
PILIER	Droit, miséricorde, expansion active
COULEUR	Bleu ou une couleur incluant toutes les couleurs
PLANÈTE	Neptune ou Uranus
ÉPOQUE	Passé
DIRECTION	Commencement
ÉLÉMENT	Eau venant du souffle
ANGE	Raziel
NOTE MUSICALE	Ré
CORPS PHYSIQUE	Oreille droite, lobe droit du cerveau
CORPS PSYCHOLOGIQUE	Conscience, objectif spirituel, mémoire et révélation

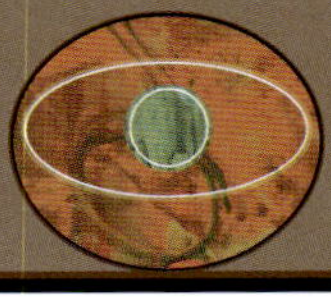

Don *de* lumière

Posez-vous les questions suivantes pour accéder à une connaissance qui dépasse la raison :

- ✡ *Vous arrive-t-il d'être frappé par une connaissance qui apparaît en un éclair ?*
- ✡ *Reconnaissez-vous et acceptez-vous la valeur de la sagesse qui vous parvient de manière irrationnelle ?*
- ✡ *Pouvez-vous jamais ressentir les moments où vous semblez être guidé et protégé par une lumière invisible mais bénéfique ?*

Essence *de* Chokhmah

Chokhmah représente la sagesse qui est au-delà de la raison. Les leaders spirituels et les philosophes irrationnels peuvent incarner cette qualité.

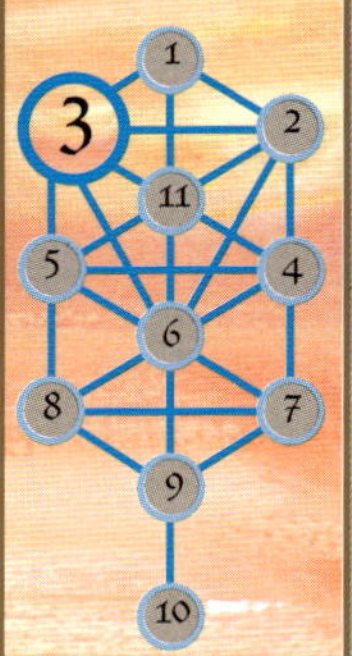

③ BINAH *l'Intelligence*

▸ RAISON ET PENSÉE
Binah est la sefirah de l'intelligence, qui complète et équilibre la sagesse de Chokhmah ; elle représente l'attribution divine de la raison et de la pensée.

▸ LIEN PHYSIQUE
En termes de correspondance physique, Binah est associée à l'oreille gauche, au lobe gauche du cerveau et au cœur.

בינה *Binah (l'Intelligence) se situe à l'opposé de Chokhmah, au sommet du pilier gauche passif de l'Arbre. Se déplaçant du royaume d'Atsilut vers Beriah, Binah représente le mouvement de la lumière divine dans le monde de la création. Ensemble, ces trois sefirot composent la triade divine du monde supérieur. Comme Keter et Chokhmah, Binah est un attribut essentiel de la création.*

Avec la sagesse, on peut bâtir une maison,
avec la raison on la rend solide,
avec l'expérience on en remplit les chambres
de toutes sortes de biens précieux et agréables.

PROVERBES (24, 3-4)

Chokhmah a l'énergie du père dans le royaume supérieur, et elle est censée féconder Binah, la mère supérieure. L'énergie de Binah permet la conception d'une manifestation de Dieu. La troisième sefirah est considérée comme le palais et le ventre dans lesquels l'enseignement de Dieu commence à prendre forme. Ces parents divins donnent ensuite naissance à leurs enfants, les sept sefirot inférieures.

Puis ce Commencement provint par émanation
et se fit un palais à sa gloire.
Là, il sema les graines de sa sainteté
pour donner naissance au profit de l'Univers.
Le secret est :
« Son origine est sacrée » (Ésaïe 6, 13).

ZOHAR

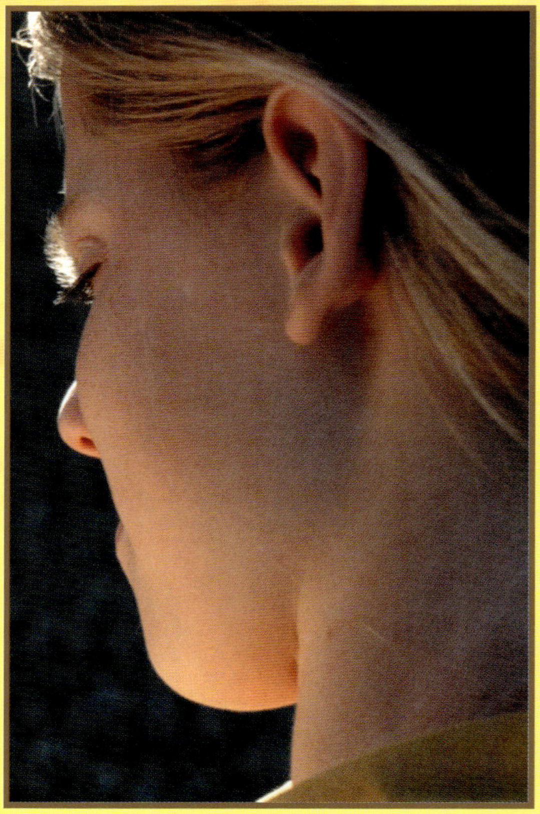

L'ÉQUILIBRE ENTRE CHOKHMAH ET BINAH

Le *Sefer Yetsirah* enseigne que la première étape de l'approche des sefirot consiste à comprendre avec sagesse et à être prudent avec intelligence.

Parallèles spirituels

Les philosophes rationalistes du XVIIe siècle enseignaient que seules les capacités de raisonnement de l'homme, et non la révélation divine, pouvaient garantir la vérité et régler le comportement humain. Dans le système kabbalistique, cela traduit un excès de Binah et un manque de Chokhmah.

Ni l'application fidèle de l'intellect rationnel seul, ni le dévouement extatique du mystique en méditation ne suffisent à capter l'intention du plan divin. Il faut plutôt s'efforcer d'explorer la conscience verbale et non-verbale, rationnelle et irrationnelle.

Traduire Binah en action

Le commandement qui accompagne cette sefirah est l'interdiction de blasphémer le nom de Dieu. Il provient de la prise de conscience qu'une pensée imprudente et incontrôlée peut inciter quelqu'un à proférer des paroles malavisées susceptibles de créer des énergies destructrices œuvrant contre la volonté divine. Cette interdiction très spécifique nous rappelle qu'il est dangereux et trompeur d'utiliser le nom divin dans la méditation, la prière ou la discussion, sauf si l'on décide de vivre en accord avec la volonté divine. Un prêche (ou une étude) mensonger ou semi-conscient au nom de Dieu est un acte déraisonné, ou pire encore, de destruction de soi et des autres.

MOTS CLÉS	PERSONNIFICATION
Raison	Philosophes rationnels (Descartes, Maïmonide, Aristote)
Intelligence	Scientifiques (Albert Einstein, Stephen Hawking)
Langage	Enseignants ou écrivains novateurs (Gertrude Stein, James Joyce)
Palais	Architectes non-conformistes (Frank Lloyd Wright)

▸ Albert Einstein
Einstein mit au point les théories de la relativité qui révolutionnèrent notre compréhension de la matière, de l'espace et du temps. On peut le considérer comme une expression du triomphe de l'intellect rationnel.

Comment affectez-vous votre monde

Analysez le degré de responsabilité que vous prenez envers les aspects de votre vie :

- ✡ *Considérez que vos pensées engendrent la réalité. Pouvez-vous continuer à prendre conscience de ces pensées pour faire en sorte d'être un créateur responsable ?*
- ✡ *Votre langage reflète-t-il une prise de conscience de la finalité et des intentions les plus nobles de l'univers ?*
- ✡ *Quelles mesures pouvez-vous prendre pour vous assurer que vos pensées et votre intellect sont sollicités dans la conscience d'un objectif supérieur ?*

Associations de Binah

NOM DIVIN	Elohim—Dieu créateur (pluriel), qui forme
ATTRIBUT DIVIN	Compréhension
COMMANDEMENT	Tu ne blasphémeras pas le nom de Dieu
PILIER	Gauche, passif, réceptif
COULEUR	Vert et jaune
PLANÈTE	Saturne
ÉPOQUE	Futur
DIRECTION	Fin
ÉLÉMENT	Feu de l'eau *(Sefer Yetsirah)*
ANGE	Zaphkiel
NOTE MUSICALE	Mi
CORPS PHYSIQUE	Oreille gauche, lobe gauche du cerveau, cœur
CORPS PSYCHOLOGIQUE	Intelligence rationnelle, pensées verbalement construites

Essence de Binah

Binah est la connaissance qui tombe dans le domaine de l'intelligence rationnelle. Cette qualité se trouve chez les scientifiques, les philosophes et les écrivains qui utilisent le langage pour explorer leur compréhension de l'univers.

4 CHESED *la Miséricorde*

▸ SYMBOLE DE MISÉRICORDE
Le lien entre les parents et les enfants renvoie à l'amour que les hommes manifestent les uns envers les autres. Cet amour est inspiré par le pouvoir de Chesed.

חסד Chesed est la première des sept sefirot inférieures qui relient les mondes supérieurs d'Atsilut (la Proximité) et de Beriah (la Création) aux mondes inférieurs de Yetsirah (la Formation) et Assiyah (l'Action). Les qualités de ces sefirot inférieures empiètent directement sur la vie humaine. Dans Chesed, la volonté divine commence à prendre forme et se manifeste dans le désir de Dieu de partager l'amour.

AMOUR DIVIN ET AMOUR HUMAIN

Les kabbalistes voient l'amour qui vient du créateur comme infini. Descendant de Keter (la Couronne), cet amour s'infiltre dans les mondes inférieurs, avec l'idée que les hommes peuvent se témoigner amour et affection. Chesed se rapporte aux actes d'amour-bonté et de miséricorde que les gens peuvent élargir aux autres dans chaque situation. Cet amour expansif se retrouve dans la Bible, en particulier dans les Psaumes :

Toutes les routes du SEIGNEUR sont fidélité et vérité
pour ceux qui observent les clauses de ton alliance.

PSAUME (25, 10)

▸ LA JOIE DU SABBAT
Le sabbat est un moment de joie et de détente pour toute la famille. Traditionnellement, le père bénit ses enfants au début du sabbat, attestant ainsi l'amour-bonté associé à Chesed.

LE DON DU REPOS

Chesed est associé au Quatrième Commandement ; en effet, le don divin du repos au monde est un exemple de l'amour de Dieu. Après six jours de création, Dieu bénit ce qui a été fait et se repose en se retirant du monde de la création. Le jour du sabbat, le travail est terminé, la terre est autorisée à se reposer et chaque individu a ainsi l'occasion de passer en revue les événements survenus pendant la semaine, dans la paix et la tranquillité. Réservé à la méditation, aux prières et aux lectures, à la famille et aux amis, le sabbat est un moyen de trouver l'harmonie. On dit que, pour le sabbat, chacun reçoit une âme supplémentaire qui nous permet ainsi de profiter de cette journée sur un autre plan que celui de la vie quotidienne.

Parallèles spirituels

Pour les chrétiens, Jésus incarne l'attribut de la miséricorde divine qui est accessible à tout être humain par l'intermédiaire du pouvoir de Chesed.

La lumière de l'amour divin

L'amour divin se manifeste sous la forme d'associations symboliques de couleur et de lumière. Les fréquences vibratoires des couleurs du spectre, le blanc (réflexion de toute la lumière) et le noir (absorption de toute la lumière) expriment la qualité essentielle de chaque sefirah. À ce sujet, le *Zohar* nous dit :

Venez voir : il y a quatre lumières.
Trois sont cachées, une est dévoilée.
Une lumière brillante [Chesed – blanc]
Une lumière rougeoyante [Gevurah – rouge]
Elle brille du même éclat que le ciel.
Une lumière violette qui absorbe toutes les lumières [Tiferet].
Une lumière qui ne brille pas [Shekinah]
mais qui contemple les autres et les attire en elle.
Les lumières se voient en elle comme dans un cristal
en plein soleil. Les trois premières sont cachées,
surplombant celle-ci qui est dévoilée.

ZOHAR

Associations de Chesed

NOM DIVIN	El—Dieu tout-puissant
ATTRIBUT DIVIN	Miséricorde, amour-bonté
COMMANDEMENT	Souviens-toi du jour du sabbat et respecte-le
PILIER	Droit, actif, expansif
COULEUR	Blanc et argent
PLANÈTE	Jupiter
ÉPOQUE	Dimanche
DIRECTION	Sud
ÉLÉMENT	Aucun
ANGE	Zadkiel
NOTE MUSICALE	Fa
CORPS PHYSIQUE	Épaule droite
CORPS PSYCHOLOGIQUE	Expression de l'émotion
PRÉOCCUPATIONS PERSONNELLES	Sagesse

MOTS CLÉS	PERSONNIFICATION
Amour-bonté	Protecteurs (Florence Nightingale), enfants serviables
Émotion	Mères avec enfants (Vierge Marie)
Partage	Philanthropes (Salomon Guggenheim, Andrew Carnegie)

▲ LE DON DE SOI
Faire un effort conscient et unilatéral pour donner son amour aux autres peut rapprocher la force de Chesed de votre propre expérience.

La Lumière *qui est* Amour

Regardez dans votre cœur et répondez à ces questions :

- ✡ *Comment votre capacité d'amour et de bonté se manifeste-t-elle dans la vie quotidienne ?*
- ✡ *Pouvez-vous évoquer les moments où vous avez ressenti un sentiment d'amour et de miséricorde divins ? Quels en ont été les effets ?*
- ✡ *Donnez-vous facilement votre amour et votre miséricorde à autrui, ou attendez-vous plutôt de recevoir avant de partager ?*

Essence *de* Chesed

Chesed représente le désir de partager l'amour divin avec le monde. Il est incarné par ceux qui embrassent les professions paramédicales, les artistes qui expriment leur amour de la vie dans leur travail, les philanthropes et ceux qui font de bonnes actions.

⑤ GEVURAH *la Justice*

גברה Sur le pilier gauche de la rigueur et de la restriction se situe Gevurah, ou la Justice, la sefirah appariée à Chesed (la Miséricorde). Elle représente le désir d'être jugé et les conséquences naturelles de toutes les actions. Les qualités de jugement et de pouvoir doivent contrebalancer la miséricorde et l'amour afin d'empêcher la lumière divine d'engloutir les êtres humains. De même, la miséricorde de Chesed garantit que le pouvoir présent dans Gevurah ne sera pas bousculé.

▸ BALANCE DE LA JUSTICE
Gevurah détient les attributs du jugement et de la force. Le seul exercice du jugement nécessite la faculté de se réfréner et de juger au besoin les situations et les individus.

LA NATURE DU MAL

Les kabbalistes n'attribuent pas le mal à une influence externe opposée à Dieu. Pour eux, le mal provient plutôt de Gevurah (Justice) ; il est aussi un attribut ou un potentiel à l'intérieur de Dieu lui-même. En termes humains, lorsque la qualité de Gevurah est non contenue, elle devient le mal. Ainsi, l'archange associé à cette sefirah est Samaël (la main gauche de Dieu), connu sous le nom de Satan, l'Adversaire. Cette compréhension de la dualité inhérente à l'humanité autant qu'à Dieu annonce le développement de la théorie psychanalytique actuelle.

▸ LE JUGEMENT DERNIER
La théologie chrétienne s'intéresse à la Chute et au problème du mal qui se conclut par l'apocalyptique Jugement dernier. Le tableau de Blake est une manifestation puissante de l'attribut divin de Gevurah.

LE PENCHANT POUR LE BIEN ET LE MAL

À partir de l'âge de treize ans, chaque individu abrite deux penchants : *yetser hatov*, le penchant pour le mal, et *yetser hara*, le penchant pour le bien. On dit que deux anges sont assis sur nos épaules et que nous devons choisir à quel moment suivre tel ou tel penchant. Les enfants âgés de moins de treize ans seraient, semble-t-il, régis uniquement par le mal et ne feraient pas la différence entre leurs besoins et ceux des autres ; ainsi, ils ne seraient pas responsables des conséquences de leurs actes.

L'équilibre entre Gevurah et Chesed représente une capacité à résister à l'égoïsme et à l'altruisme, les pôles extrêmes des deux sefirot.

Parallèles spirituels

Maat, la déesse égyptienne de la Justice, de la Loi et de la Vérité, joue un rôle analogue aux principes de Gevurah.

Dans leurs récits de la Création, les tribus américaines d'Iroquois et de Hurons décrivent la lutte entre les frères jumeaux Ioskea, héros de la création, et Tawiscara, incarnation du mal. On y note des ressemblances avec Gevurah et Chesed.

Isaac et Gevurah

Le *Zohar* associe Gevurah à Isaac, fils d'Abraham. Abraham est relié à Chesed par sa générosité et aussi par un amour pour Dieu tel qu'il était prêt à sacrifier son fils sur l'ordre de Dieu. Peut-être aussi les kabbalistes avaient-ils perçu la puissance potentielle de la colère d'Isaac à la découverte du sort qui avait failli être le sien.

Au sein de la violence de l'éclat d'Isaac,
du sein de la lie du vin,
sortit une greffe comportant mâle et femelle,
rouge comme une rose, qui essaime
vers de nombreuses directions et sentiers.

ZOHAR (I, 148B)

▸ Juger la sagesse
Dieu a demandé à Abraham de sacrifier son fils bien-aimé, Isaac. Cependant, Dieu a empêché Abraham de tuer son fils en envoyant un bélier dans le buisson, témoignant ainsi du passage d'un attribut divin à un autre.

Associations de Gevurah

NOM DIVIN	Yah—Dieu éternel qui doit être loué
ATTRIBUT DIVIN	Jugement, pouvoir
COMMANDEMENT	Honore ton père et ta mère
PILIER	Gauche, austérité, restriction
COULEUR	Rouge et or
PLANÈTE	Mars
ÉPOQUE	Lundi
DIRECTION	Nord
ÉLÉMENT	Isaac
ANGE	Samaël
NOTE MUSICALE	Sol
CORPS PHYSIQUE	Épaule gauche
CORPS PSYCHOLOGIQUE	Contrôle et discrimination
PRÉOCCUPATIONS PERSONNELLES	Richesse, amour

MOTS CLÉS	PERSONNIFICATION
Pouvoir	Boxeurs professionnels, chefs d'entreprise (Bill Gates)
Jugement	Juges royaux ou civils (reine Élisabeth II, Abraham Lincoln)
Feu	Scientifiques du domaine militaire (Robert Oppenheimer)
Mal	Dictateurs (Staline)

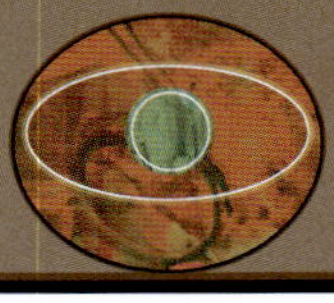

Jugement *en* Équilibre

Examinez vos pensées et vos actes en vous posant ces questions :

- *Êtes-vous prompt à juger et à critiquer les autres, ou exercez-vous une certaine retenue dans vos jugements ?*
- *Dans une relation, vous considérez-vous comme celui qui donne ou celui qui reçoit ? Connaissez-vous un moyen d'équilibrer ces deux tendances ?*
- *Savez-vous quand vous choisissez délibérément entre le bien et le mal ? Essayez-vous de justifier des choix égoïstes ou erronés ?*

Essence *de* Gevurah

Gevurah est la force qui vient de la capacité de juger et d'utiliser le pouvoir du jugement pour exercer une influence sur le monde. Ces qualités sont exprimées par les grands leaders politiques et les individus qui mettent leur force intérieure au service du monde.

6 TIFERET *la Beauté*

► CENTRE MÉTAPHYSIQUE
Tiferet est au centre du moi et de l'Arbre de vie ; elle assure la cohésion de toute la structure.

תפארת *La sefirah qui forme une triade avec la Miséricorde et le Jugement est Tiferet, la Beauté. Elle crée une harmonie entre ces deux pôles et fait aussi le lien entre le monde de Yetsirah (la Formation) et celui d'Assiyah (l'Action). Tiferet représente la beauté de la gloire et de la lumière divines quand elles descendent vers l'humanité. Elle relie l'ego psychologique de Yetsirah (la Formation) à l'ego spirituel de Beriah (la Création).*

Tiferet est le cœur de l'Arbre de vie ; elle achemine l'Esprit divin vers le bas et les aspirations spirituelles de l'humanité vers le haut.

JACOB ET TIFERET

Pour les kabbalistes, Jacob est l'incarnation de Tiferet. Malgré ses imparfaites actions humaines, Jacob a combattu l'ange de Dieu et a été rebaptisé Israël « celui qui se bat avec Dieu ». Il avait pour rôle de maintenir un équilibre entre les deux qualités opposées, le jugement et la miséricorde.

Dans le lien caché [sefirot],
de l'intérieur du secret scellé [la triade supérieure],
uen splendeur a étincelé [premiers rayons de Tiferet],
brillante comme un miroir, embrassant deux couleurs
mêlées [jaune et violet]…
En cette splendeur réside celui qui réside [Ayn Sof].
qui est le nom de celui qui se cache, aucunement connu.
Il est appelée « voix de Jacob » [Tiferet],
S'y manifeste la toute-foi, celui qui est caché
et nullement connu.

ZOHAR (I, 147 A)

► LES COULEURS DE LA BEAUTÉ
La beauté parfaite et la structure complexe du plumage d'un paon sont une manifestation de Tiferet dans notre monde.

Tiferet est directement reliée à toutes les autres sefirot excepté Malkhut (la Royauté). Au cours de leur ascension vers l'intelligence spirituelle, les êtres humains doivent dépasser leurs préoccupations émotionnelles personnelles et ne faire qu'un avec le moi qui est une expression du divin. Dans ce sens, Tiferet fournit un miroir qui réfléchit la

MOTS CLÉS	PERSONNIFICATION
Beauté	Artistes sensibles et perspicaces (Beethoven, Chagall, Shakespeare)
Centre de l'équilibre	Équilibristes, danseurs (Mikhaïl Baryshnikov)
Cœur	Artistes dont le travail reflète des expériences personnelles (Barbra Streisand, Steven Spielberg)

lumière divine et permet aux justes de voir le reflet de leur propre beauté. De même, c'est le point d'équilibre entre les qualités actives et passives du divin et de l'être humain, et donc le moyen d'équilibrer les sefirot.

Que possède l'humanité ?

Les kabbalistes ont mis l'accent sur l'importance de prêter une attention soutenue à la contemplation, à la prière et aux bonnes actions afin de ne pas glisser vers une arrogance malavisée ou vers le mal. À tout moment, il importe de se souvenir que Dieu est à la source de tout, et que l'union avec Dieu (Yichud) est l'objectif de toute entreprise spirituelle. Le roi David a bien insisté sur le fait que tout est issu du Divin :

À toi, Seigneur, Dieu d'Israël, la grandeur,
la splendeur, la majesté et la gloire,
car tout ce qui est dans les cieux et sur Terre est à toi.

I CHRONIQUES (29, 11)

▲ AU CŒUR DE LA VIE
En créant un équilibre entre la justice et l'amour-bonté, les meilleurs professeurs font preuve de sagesse et d'intelligence dans leur tâche qui consiste à apprendre aux enfants à exprimer leur créativité et leur beauté.

Associations de Tiferet

NOM DIVIN .... YHVH Elohim, Adonai Elohim, Dieu éternel de la création
ATTRIBUT DIVIN .... Beauté
COMMANDEMENT .... Tu ne tueras pas
PILIER .... Central
COULEUR .... Jaune et violet
PLANÈTE .... Soleil
ÉPOQUE .... Mardi
DIRECTION .... Est
ÉLÉMENT .... Jacob
ANGE .... Michael
NOTE MUSICALE .... Intervalle d'un demi-ton
CORPS PHYSIQUE .... Au-dessous du cœur, au-dessus du plexus solaire
CORPS PSYCHOLOGIQUE .... Le moi
PRÉOCCUPATIONS PERSONNELLES .... Les enfants et la grâce

La BEAUTÉ *en* VOUS-MÊME

Situez-vous au-delà du physique lorsque vous répondez à ces questions :

✡ *La beauté joue-t-elle un rôle central dans votre vie ?*

✡ *Sinon, que pouvez-vous faire pour vous ouvrir à la beauté de la nature, de l'humanité, de l'univers ?*

✡ *Êtes-vous capable de reconnaître la beauté à l'intérieur de vous-même et de la laisser rayonner vers l'extérieur ?*

Essence de Tiferet

Tiferet est l'intermédiaire entre Chesed et Gevurah. Les personnes manifestant cette qualité se concentrent sur leur compréhension de la vie. Cela inclut les artistes, les musiciens, les réalisateurs de cinéma et ceux qui ont pour objectif d'exprimer la beauté et la vérité dans leur œuvre pour l'offrir à l'humanité.

⑦ NETZACH *l'Éternité*

▸ TRIOMPHE DIVIN
Netzach exprime cette détermination énergique qui incite les individus à changer le monde, soit pour le meilleur, soit pour le pire.

נצח *La septième sefirah, sur le pilier droit de l'expansion, s'appelle Netzach, ou l'Éternité, l'endurance ou le triomphe de Dieu. Elle représente la loi compatissante de Dieu, équilibrée par Hod (la Gloire ou la Réverbération) sur le pilier gauche. Netzach et Hod symbolisent les jambes droite et gauche superposées au corps d'Adam Kadmon, l'homme primordial.*

MOÏSE ET NETZACH

Moïse a transmis l'enseignement divin au peuple. Par sa foi et sa dévotion, il a conduit son peuple dans l'avenir inconnu, vers une nouvelle relation avec Dieu. Pour ces qualités, Moïse est censé incarner l'éternité – les Juifs se marient aujourd'hui « selon la loi de Moïse » et entament ainsi une relation durable. C'est pourquoi Netzach est associé au Septième Commandement, « Tu ne commettras pas l'adultère », insistant sur le fait que la pérennité d'une relation dépend du degré d'engagement à la loyauté et la pérennité.

LE MONDE NATUREL

Dans le royaume de la nature, Netzach est le principe actif qui soustend les systèmes à l'intérieur des organismes et des processus psychobiologiques de la vie. Les systèmes écologiques interdépendants et soigneusement harmonisés sont une expression de l'énergie de Netzach, entretenant un système qui s'autoperpétue. L'interférence de l'humanité dans ces systèmes, entraînant le déséquilibre, la destruction et l'extinction, atteste le danger qui émane d'un « bricolage » inconscient de la nature fondé sur la croyance prétentieuse que la connaissance ou le talent justifie tous les actes.

▸ LA TRAVERSÉE DU JOURDAIN
Après quarante années d'errance, les Israélites ont traversé le Jourdain et sont arrivés en Terre promise. La qualité d'endurance de Netzach se manifeste ici quand ils foulent le sol de leur nouvelle patrie.

MOTS CLÉS	PERSONNIFICATION
Éternité	Monarques qui ont imprimé leur marque dans l'histoire (Cléopâtre, Alexandre le Grand, Louis XIV)
Prophétie	Grands prophètes (Moïse, Mahomet)
Triomphe	Guerriers et chefs militaires (samouraïs, George Washington, Winston Churchill)

Connaître Netzach

Netzach, qui d'un point de vue émotionnel représente les désirs de l'ego, doit être contrôlée avec attention par les réponses de Hod (la Réverbération) afin d'empêcher l'organisme d'entrer dans une activité intense et égoïste. Les qualités positives de Netzach peuvent s'expérimenter sous forme d'actes conscients, en avançant dans la vie pour exprimer sa volonté en tant qu'individu. Sans l'énergie de cette sefirah, il n'y aurait aucune motivation pour réussir dans la vie ou pour apporter une contribution personnelle.

Le mot

Le mot *Netzach* n'apparaît pas dans la Torah, mais plus tard dans le Livre de Samuel et certains écrits ultérieurs. Dans bon nombre de ses usages, le mot fait référence à un comportement négatif et à la destruction.

Dieu fera disparaître la mort pour toujours [Netzach]
Et le Seigneur Dieu essuiera les larmes
sur tous les visages.

ÉSAÏE (25, 8)

Au-delà du moment présent

Ouvrez-vous à la réalité métaphysique en vous posant ces questions :

- ✡ *Que signifie pour vous l'expression « pour toujours » ?*
- ✡ *Êtes-vous mû par le désir d'imprimer votre marque sur la vie, de laisser un signe indiquant que vous avez existé ?*
- ✡ *Laissez-vous vos pensées et vos sentiments être influencés par l'idée d'éternité, ou bien vivez-vous uniquement dans le présent ?*

Associations de Netzach

NOM DIVIN	YHVH Tzva'ot—Dieu des Hôtes
ATTRIBUT DIVIN	Éternité, triomphe
COMMANDEMENT	Tu ne commettras pas l'adultère
PILIER	Droit, miséricorde, expansion
COULEUR	Rose pâle
PLANÈTE	Vénus
ÉPOQUE	Mercredi
DIRECTION	Aucune
ÉLÉMENT	Moïse
ANGE	Haniel
NOTE MUSICALE	La
CORPS PHYSIQUE	Hanche/cuisse droite
CORPS PSYCHOLOGIQUE	Soutien et détermination
PRÉOCCUPATIONS PERSONNELLES	Vie et santé

Essence de Netzach

Netzach représente la qualité d'ouverture de l'ego, exprimée par ceux qui désirent changer à jamais le monde par leur présence.

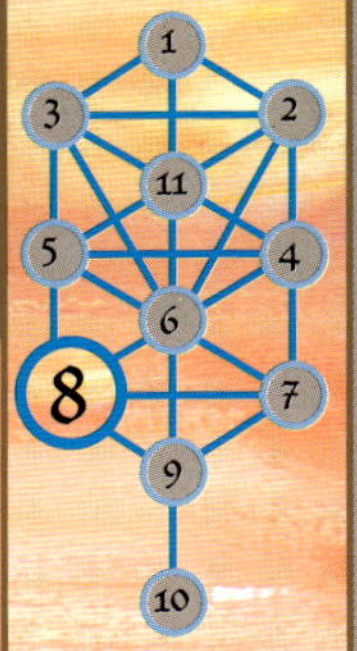

8 HOD *la Gloire*

► LES ORNEMENTS D'AARON
Hod, la huitième sefirah, représente les qualités divines de la gloire et de la splendeur. Elle est représentée par le plastron orné de pierres précieuses du grand prêtre Aaron.

הוד *Hod, la Gloire, la réverbération, l'honneur et la splendeur du divin, se situe à l'opposé de Netzach. Sur le pilier gauche passif, Hod représente, dans le monde d'Assiyah (l'Action), les processus de pensée qui acheminent l'inspiration divine vers la prophétie ainsi que les systèmes de surveillance qui réduisent la tendance à créer et à agir pour soi-même.*

Lorsque Dieu demanda à Moïse de choisir Josué pour lui succéder à la tête des Hébreux, Il dit à Moïse : « Et donne-lui un peu de ton honneur (Hod), de telle sorte que toute la congrégation… soit obéissante. » La splendeur de Hod a une finalité : s'assurer que la volonté divine est comprise et suivie.

AARON, INCARNATION DE HOD

En tant que premier grand prêtre des Hébreux, Aaron était capable d'exprimer la volonté divine d'une manière compréhensible pour tous et incarnait les qualités simples de Hod. Sa gloire et sa splendeur ne servaient pas son intérêt propre, mais la volonté de son Créateur.

Comme Aaron, nous devons faire preuve de modération et contrôler les motivations présentes derrière les honneurs que nous recherchons et la splendeur dont nous aimons nous entourer. D'autre part, cette sefirah permet d'accéder à l'inspiration ; nous pouvons en bénéficier à condition de prêter attention à nos motivations et à notre pratique quotidienne. Si nous omettons d'agir ainsi, nous risquons de voir apparaître de dangereux faux prophètes.

◄ LE PENSEUR
Cette extraordinaire sculpture de Rodin, Le Penseur, *exprime le pilier gauche de l'Arbre de vie et les attributs combinés de Binah, Gevurah et Tiferet.*

Tu ne voleras pas

Le Huitième Commandement est relié à Hod, car la connaissance acquise par la méditation, l'étude et auprès d'autrui doit être utilisée à bon escient. Nous sommes responsables de l'acquisition et de l'usage de nos connaissances. Hod, le canal de la connaissance de ce qui est bien, fournit un contrepoint à Netzach (l'Éternité), où l'individu risque de se laisser submerger par les désirs personnels.

La splendeur de Hod achemine la lumière vers Shekinah, la présence féminine de Dieu résidant dans la sefirah de Malkhut (la Royauté). La présence immanente de Shekinah touche les prophètes du monde et rend la vérité plus limpide.

Tous les prophètes du monde ont été nourris
d'un seul aspect
par deux niveaux bien connus [Hod et Netzach].
Ces niveaux sont apparus dans le miroir qui ne brille
pas [Shekinah], comme il est écrit ci-dessous :
« Je me fais connaître à lui sous forme de vision
[mar'ah]. »
Qu'est-ce que mar'ah ?
Nous l'avons expliqué : un miroir dans lequel
apparaissent toutes les couleurs [Shekinah].
C'est le miroir qui ne brille pas.

ZOHAR (I, 183 A)

MOTS CLÉS	PERSONNIFICATION
Splendeur	Chefs religieux (le pape, le grand prêtre Aaron)
Communication	Grands orateurs (Martin Luther King Jr.)
Responsabilité	Idéalistes (Ralph Nader, Dalaï-Lama)

▲ Symboles protecteurs *On dit que les robes resplendissantes d'Aaron ont été ornées de cloches et de grenades pour éviter qu'il ne soit tué par la gloire de Dieu. Les cloches servent à décorer les rouleaux de la Torah.*

Associations *de* Hod

NOM DIVIN	Elohim Tzva'ot—Dieu créateur des Hôtes
ATTRIBUT DIVIN	Gloire, majesté, splendeur, réverbération
COMMANDEMENT	Tu ne voleras pas
PILIER	Gauche, sévérité, restriction
COULEUR	Rose foncé
PLANÈTE	Mercure
ÉPOQUE	Jeudi
DIRECTION	Bas
ÉLÉMENT	Aaron
ANGE	Raphaël
NOTE MUSICALE	Si
CORPS PHYSIQUE	Hanche/cuisse gauche
CORPS PSYCHOLOGIQUE	Soutien
PRÉOCCUPATIONS PERSONNELLES	Domination, avancement

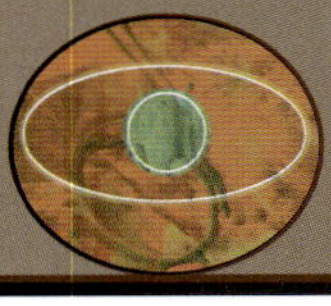

L'Intégrité

Ces questions vous aideront à déterminer ce qui sous-tend vos actes :

- *À quelles fins acquérez-vous des connaissances ?*
- *Indiquez-vous les sources de vos connaissances et vous abstenez-vous de voler les idées d'autrui ?*
- *Soignez-vous beaucoup votre apparence pour faire bonne impression ou pour manipuler les autres ?*

Essence *de* Hod

Hod n'est pas la splendeur dans le sens de la satisfaction personnelle, mais l'expression d'une volonté supérieure. Les individus qui possèdent cet attribut ont la vision d'un monde meilleur.

⑨ YESOD *le Fondement*

▸ FONDEMENT DE LA VIE
Yesod est la base sur laquelle repose la vie, représentée ici par une des structures moléculaires qui détermine notre existence.

▾ LES POUVOIRS DE REPRODUCTION
La position de Yesod sur l'Arbre de vie est associée aux organes génitaux. Nos pouvoirs de reproduction nous rappellent les complexités et le fondement de la vie de la société entière.

יסוד *La neuvième sefirah, Yesod, située sur le pilier central, représente le fondement de chaque chose dans le monde d'Assiyah (l'Action). Illustrée par les organes génitaux d'Adam Kadmon, l'homme originel, Yesod fournit l'énergie de la création et sert d'intermédiaire entre Hod (la Gloire) et Netzach (l'Éternité).*

STRUCTURES PSYCHANALYTIQUES ET KABBALISTIQUES

Au niveau psychologique, Yesod (le Fondement) exprime l'énergie de l'inconscient qui dirige son action selon des besoins qui n'appartiennent pas toujours à la conscience. En langage psychanalytique, il s'agit du ça. Même s'il est nécessaire que la force vitale individuelle s'exprime, le pouvoir de cette énergie doit être équilibré par le moi conscient, ou ego, et la conscience, le surmoi. En langage kabbalistique, Yesod est le canal emprunté par la créativité et la force vitale divines pour descendre dans le monde d'Assiyah où elles peuvent trouver une expression dans tous les aspects de la vie humaine. La puissance sexuelle garantit l'union des énergies mâle et femelle pour engendrer la créativité. Yesod est le pouvoir de procréation de Dieu où la lumière divine est prête à surgir.

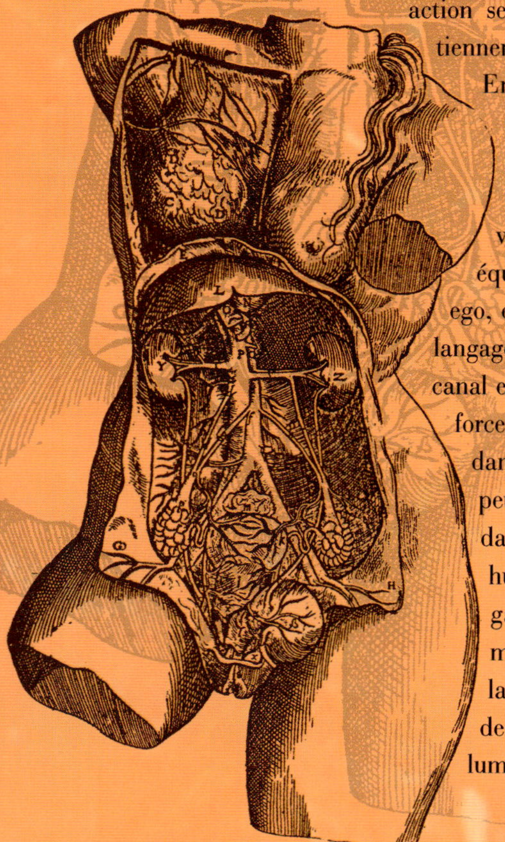

La lumière créée par le Seigneur
durant l'acte de Création a jailli d'un bout du monde
à l'autre puis a été cachée.
Pourquoi a-t-elle été cachée ?
Ainsi les faibles n'en profiteront pas
et le monde n'en profitera pas à cause d'eux.
Elle est entreposée loin des justes,
Pour le Juste [Yesod].
Comme il est écrit :
« Pour le juste la lumière est semée,
et c'est une joie pour les cœurs droits. » (Psaume 97, 11)
Puis les mondes seront odorants, et tout ne sera qu'un.
Mais jusqu'au jour où ce monde qui est en route arrive,
elle est entreposée et cachée…

ZOHAR (II, 148 B)

Joseph et Yesod

Dans la Genèse, Joseph se fait accoster par la femme de Potiphar qui tente de le séduire. Les rabbins voient dans le refus de ses avances la preuve que Joseph peut contrôler ses pulsions. C'est pourquoi on l'appelle le Juste (tzaddik) et on le considère comme le personnage qui exprime le mieux les qualités de sang-froid et de modération sexuelle. En outre, dans sa mission d'intendant de l'Égypte, Joseph était responsable de l'approvisionnement en nourriture du pays durant la famine.

◄ Dans le ciel
Reliée à Yesod, la Lune est le gouverneur de l'émotion et de la sexualité. Créée à un moment de faible lumière pour dominer le monde, elle est aussi associée à l'inconscient.

Associations *de* Yesod

NOM DIVIN	El Chai Shaddai—Dieu vivant tout-puissant
ATTRIBUT DIVIN	Fondement
COMMANDEMENT	Tu ne feras pas de faux témoignage contre ton voisin
PILIER	Central
COULEUR	Orange ou noir
PLANÈTE	Lune
ÉPOQUE	Vendredi
DIRECTION	Ouest
ÉLÉMENT	Joseph
ANGE	Gabriel – Force de Dieu, connaissance spirituelle
NOTE MUSICALE	Intervalle d'un demi-ton
CORPS PHYSIQUE	Organes génitaux
CORPS PSYCHOLOGIQUE	Union des sentiments, de la pensée et de l'action
PRÉOCCUPATIONS PERSONNELLES	Paix

MOTS CLÉS	PERSONNIFICATION
Fondement	Visionnaires universels (Léonard de Vinci, Karl Marx, Charles Darwin)
Sexualité	Théoriciens et conseillers en sexualité (Freud, Ruth Westheimer)
Dire la vérité	Rebelles intrépides (Sir Thomas More, la réformatrice sociale Susan B. Anthony)

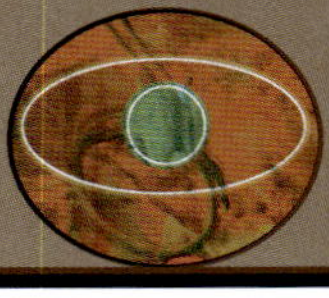

Dirigez votre force vitale

Les questions suivantes vous aideront à découvrir vos motivations profondes :

- *Qu'est-ce qui se trouve à la base de vos quatre mondes ?*
- *Faites-vous le travail nécessaire pour bâtir les fondations avant d'obtenir les résultats, ou êtes-vous plutôt intéressé par les résultats ?*
- *Mesurez-vous vos besoins sexuels en fonction de ceux d'autrui ? Optez-vous pour la modération ou bien vous laissez-vous guider par vos passions du moment ?*

Essence *de* Yesod

Yesod exprime le fondement sur lequel est basée toute la créativité du monde réel. Les individus qui manifestent cette qualité combinent les attributs des piliers droit et gauche de l'Arbre de vie et leur donnent forme. Il peut s'agir de savants, de philosophes, d'ingénieurs, de ceux qui créent et expliquent la diversité de la vie.

(10) MALKHUT *la Royauté*

▸ NOTRE MONDE
Malkhut est le royaume où existe l'humanité. Alors que chaque âme humaine est créée dans le septième ciel de Beriah, c'est l'union de l'homme et de la femme qui transfère l'existence de cette âme dans Malkhut pour donner un être humain.

מלכות *La dixième sefirah est Malkhut, la Royauté, aussi connue sous le nom de Shekinah, la présence féminine de Dieu. Les premiers rabbins ne voyaient pas Shekinah comme une femme mais plutôt comme l'énergie féminine de la Proximité (Atsilut), l'immanence de Dieu. Shekinah, qui appartenait jadis à la volonté divine, est descendue vers l'humanité afin de devenir un réceptacle pour la lumière divine.*

FILLE, ÉPOUSE ET MÈRE

Les kabbalistes ont conçu Shekinah comme un des dix enfants de l'union entre Chokhmah (la Sagesse) et Binah (l'Intelligence). Elle est aussi considérée comme la partenaire de Tiferet (la Beauté). L'énergie requise pour leur union, une tension dynamique, est acheminée par Yesod (le Fondement). Ensemble, elles supportent l'âme humaine dans le monde d'Assiyah (l'Action).

Parmi les noms qui s'appliquent à Shekinah, on trouve Mère inférieure, Princesse, Mariée, Reine, Rachel, Terre, Rose, Trône de Gloire, Jardin d'Éden, Verger de pommiers sacré et Lune. Bien qu'elle n'ait pas d'attributs propres, la Shekinah soutient les mondes inférieurs et incarne la présence féminine de Dieu qui plane dans Malkhut. Elle est perçue comme Malkhut sans être identique.

La Shekinah est personnifiée dans la Torah orale, les interprétations et les histoires traditionnelles qui se transmettent de génération en génération, tandis que sa partenaire Tiferet est personnifiée dans la Torah écrite. Pour les kabbalistes, la réussite de cette union devint un des objectifs de Yichud, le travail d'unification.

LE TEMPS, LA DIRECTION ET LES PLANÈTES

La Terre, centre de notre existence, est la planète liée à Malkhut ; elle représente la nature mortelle des êtres humains. En prêtant attention à notre propre planète, nous apprenons ce qu'est une bonne action et trouvons nos affinités avec le reste de l'univers. La vie humaine sur Terre est la seule chose dont nous pouvons réellement nous approcher ; ainsi, le centre est la direction liée à Malkhut. Le travail de celui qui étudie la Kabbale consiste à élever le niveau de la vie quotidienne en vue d'obtenir une intégration harmonieuse des énergies de toutes les sefirot.

Le samedi est associé à cette sefirah. Dans le monde prosaïque du combat, le sabbat insiste sur l'importance du maintien d'un équilibre entre l'action et l'abstinence d'action. Ce jour-là, on s'abstient d'imprimer une marque humaine sur le monde.

LE ROI DAVID ET MALKHUT

David était un jeune héros militaire, un poète, un amant, un grand roi et un fin stratège, doublé d'un chef hors pair. Toutefois, sa capacité à com-

Parallèles spirituels

La notion hindoue qui veut que Krishna soit la manifestation terrestre de la présence divine est presque identique à la Shekinah de Malkhut.

mander pâtissait énormément de la faiblesse de son caractère, ce qui lui causa une amère déception et le conduisit finalement au meurtre. Il fut donc jugé inapte à construire le Temple à Jérusalem. Dans sa vie et dans sa poésie, les Psaumes, il lutta pour réconcilier les deux penchants, celui du bien et celui du mal. C'est pourquoi il est considéré comme l'incarnation du combat quotidien dans lequel nous nous engageons tous.

◂ La richesse de la vie *La vie sur Terre paraît souvent être le centre de notre univers, tout comme les préoccupations quotidiennes et l'état politique et écologique du monde peuvent exercer une influence primordiale sur l'avenir de l'humanité.*

Associations *de* Malkhut

NOM DIVIN	Adonaï—Mon Seigneur
ATTRIBUT DIVIN	Royauté
COMMANDEMENT	Tu ne convoiteras pas ce qui appartient à ton voisin
PILIER	Central
COULEUR	Bleu
PLANÈTE	Terre
ÉPOQUE	Samedi
DIRECTION	Centre
ÉLÉMENT	Air (souffle)
ANGE	Sandalphon
NOTE MUSICALE	Do
CORPS PHYSIQUE	Entre les pieds
CORPS PSYCHOLOQUE	Aucun
PRÉOCCUPATIONS PERSONNELLES	Grâce, charme

MOTS CLÉS	PERSONNIFICATION
Fruit de l'Arbre de vie	Hommes et femmes donneurs de vie, comme les médecins et les cuisiniers, Adam et Ève
Terre	Individus dont l'éthique et la force intérieure ont contribué à changer le cours de l'histoire (Oskar Schindler, John F. Kennedy, Thomas Edison)
Souffle	Politiciens et chanteurs qui expriment leurs idées grâce à leurs compétences vocales (Martin Luther King Jr., Elton John, Madonna)

Votre travail *dans* ce monde

Trouvez en quoi votre travail est sensible à la volonté divine en répondant à ces questions :

- ✡ *Considérez-vous le travail de vos mains, de votre esprit et de votre cœur comme étant d'égale importance ?*
- ✡ *Que faire pour être assuré de prendre en considération l'objectif supérieur de chaque tâche que vous êtes tenu d'accomplir ?*
- ✡ *Avez-vous essayé de savoir si vous étiez destiné à une tâche particulière, et dans quel but ?*

Essence *de* Malkhut

Malkhut est le niveau de la vie quotidienne où nous demeurons tous. Ses attributs sont exprimés par ceux qui utilisent leurs talents pour réaliser quelque chose de vrai dans la vie. Bons ou mauvais, ce sont des individus ordinaires dont les actes peuvent exercer une influence sur le monde.

11 DA'AT *la Connaissance*

▸ LA NON-SEFIRAH *La notion de Da'at se fonde sur le* Sefer Yetsirah *qui nous dit de « comprendre avec sagesse et d'être sage avec compréhension ». Cette non-sefirah est placée sur le pilier central, entre Keter et Tiferet, Binah et Chokhmah.*

▾ ÉTINCELLE DE DA'AT *Une seule flamme ou étincelle représente l'espace éthéré de Da'at. La connaissance de Da'at n'est pas une qualité humaine mais l'énergie divine située au centre.*

דעת *Un des aspects les plus mystérieux du système sefirotique est Da'at, ou la Connaissance, la non-sefirah invisible, située sur le pilier central, entre Keter (la Couronne) et Tiferet (la Beauté). Elle unifie les énergies antagonistes de Chokhmah (la Sagesse) et Binah (l'Intelligence) en ayant connaissance de la volonté divine qui est transmise par Tiferet et Yesod (le Fondement) à leur descendant dans le royaume humain de Malkhut (la Royauté).*

Da'at est l'espace vide où commence la création. La volonté et la grâce de Dieu émanent des racines de Keter pour descendre dans Atsilut (la Proximité) et deviennent réalité dans le monde de Beriah (la Création). Le *Sefer Yetsirah* insiste bien sur le fait que Da'at n'est pas une des sefirot :

Dix sefirot de néant

dix et pas neuf,

dix et pas onze.

SEFER YETSIRAH (1, 4)

DA'AT DANS LE JARDIN D'ÉDEN

Da'at représente la connaissance qui vient directement du divin. C'est la combinaison de la connaissance qui vient de la sagesse et de l'intelligence, mais ce n'est pas une qualité humaine. Da'at apparaît dans la Bible au Chapitre II de la Genèse, lorsque Dieu a placé l'Arbre de la connaissance (Da'at) du bien et du mal au centre du jardin, près de l'Arbre de vie et de tous les autres arbres bons à voir et à manger. Tous les autres arbres avaient été offerts en nourriture à Adam, mais cet arbre-là devait être évité, car manger ses fruits provoquait la mort. Au stade enfantin de leur développement, la connaissance de Dieu était trop accablante pour les hommes. La connaissance du bien et du mal fait maintenant partie de la conscience humaine, comme conséquence de la Chute survenue après avoir consommé le fruit. La Kabbale a pour objectif la connaissance du divin exprimée par Yichud, l'unification avec Dieu. Cependant, la Kabbale reconnaît que les hommes peuvent seulement essayer de connaître l'union divine.

Le mot *da'at* apparaît ensuite dans l'Exode, lorsque Dieu donne à l'artiste Beçalel les attributs de Chokhmah (la Sagesse), Binah (l'Intelligence) et Da'at. Beçalel avait pour tâche de superviser la création du grand Tabernacle destiné à recevoir l'arche de l'enseignement divin et ne pouvait l'accomplir que s'il comprenait ce que voulait Dieu.

Parallèles spirituels

Socrate (v. 469-399 av. J.-C.) enseignait que la vraie connaissance provenait du dialogue et du questionnement, selon un principe très analogue à l'interaction et l'équilibre entre Chokhmah et Binah exprimées dans Da'at.

MOTS CLÉS	PERSONNIFICATION
Connaissance	Prophètes, mystiques, Beçalel, diseurs de bonne aventure, chamanes, devins
Invisible	Aucune

▲ La Torah comme arbre de vie

La Torah est appelée « arbre de vie pour tous ceux qui la saisissent, et ceux qui s'y accrochent fermement sont heureux. Ses chemins sont l'amabilité et la paix ».

Associations de Da'at

NOM DIVIN	Aucun
ATTRIBUT DIVIN	Connaissance, voix de Shekinah
COMMANDEMENT	Aucun
PILIER	Central
COULEUR	Aucune
PLANÈTE	Aucune
ÉPOQUE	Aucune
DIRECTION	Aucune
ÉLÉMENT	Aucun
ANGE	Aucun
NOTE MUSICALE	Intervalle d'un demi-ton
CORPS PHYSIQUE	Gorge
CORPS PSYCHOLOGIQUE	Aucun
PRÉOCCUPATIONS PERSONNELLES	Aucunes

Le mystère de la connaissance

Ces questions vous permettent d'apprendre comment se manifeste la connaissance :

- ✡ *Pouvez-vous diriger votre cœur vers le néant pour être ouvert à la connaissance divine ?*
- ✡ *Pouvez-vous laisser votre gorge se développer par le chant, le fredonnement afin de faire entendre la voix de Shekinah ?*
- ✡ *Si vous consacrez votre vie à l'étude et à la pratique spirituelles, pensez-vous un jour être prêt à méditer sur le néant d'Ayn Sof ?*

Essence de Da'at

Da'at est la non-sefirah qui sert de médiateur entre Binah et Chokhmah. Elle est incarnée par les grands penseurs qui allient sagesse intuitive et intellect rationnel pour acheminer la lumière divine vers le monde et élever le travail de l'humanité vers un niveau spirituel supérieur.

CHAPITRE TROIS

LES VOIES

L'Arbre de vie est un système dynamique reposant sur des interconnexions. À l'intérieur de chacun des quatre mondes, l'Arbre se compose des dix sefirot reliées par des voies. Le début du Sefer Yetsirah *explique que Dieu a créé l'univers « par les trente-deux voies merveilleuses de la sagesse ». Ces voies comprennent les dix sefirot et les vingt-deux lettres de l'alphabet hébreu qui les relient. Ce sont les voies que nous empruntons au quotidien. Ce chapitre étudie leur signification.*

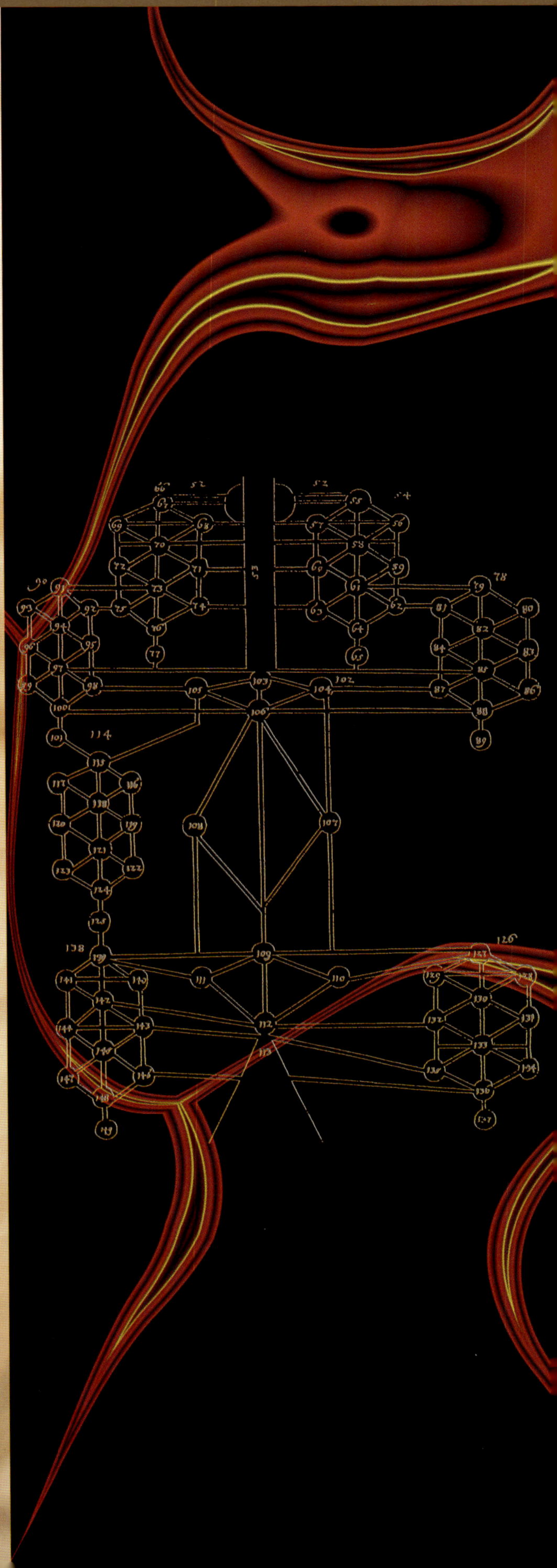

LES TROIS MÈRES

Les voies relient les sefirot et contiennent le flux d'énergie à double sens qui circule entre elles. Chaque voie est représentée par une des sefirot ou par une lettre hébraïque. Les trois lettres mères sont alef, *la première lettre de l'alphabet hébreu,* mem, *la treizième et* shin, *la vingt et unième et avant-dernière. Le* Sefer Yetsirah *énonce que ces lettres ont été gravées et sculptées par le souffle de Dieu.*

► IMAGE DE L'ADN
La structure de l'ADN présente des analogies avec l'Arbre de vie. Les barreaux horizontaux de l'ADN portent le code génétique alors que les voies horizontales de l'Arbre de vie relient les piliers droit et gauche.

THÈSE-ANTITHÈSE-SYNTHÈSE

Les trois lettres mères forment la structure de base de l'Arbre de vie et des sefirot. Il existe deux manières différentes de considérer cette structure. Dans la première approche, *mem* représente le pilier droit – Chokhmah (la Sagesse), Chesed (la Miséricorde) et Netzach (l'Éternité). Elle peut être examinée d'un point de vue élémentaire – l'élément « eau » – ou philosophique – la thèse, le premier enseignement divin. *Shin* représente le pilier gauche – Binah (l'Intelligence), Gevurah (le Jugement) et Hod (la Gloire). C'est l'élément « feu » et sa situation philosophique est celle de l'antithèse, le second enseignement divin qui contredit le premier. *Alef* surplombe le pilier central – Keter (la Couronne), Tiferet (la Beauté), Yesod (le Fondement) et Malkhut (la Royauté) – et peut être considérée comme la synthèse, le troisième enseignement qui résout la contradiction apparente ou le paradoxe entre les deux premières. *Alef* est l'élément « air » que l'on évoque souvent en parlant du « son silencieux avant le premier son » : le souffle de Dieu.

Les trois lettres mères sont
Alef Mem Shin.
Leur fondement est un plateau
de mérite, un plateau
de responsabilité. Et la langue
du décret fait son choix entre
les deux. Mem *fredonne,*
Shin *siffle et* Alef *est le souffle*
d'air qui choisit entre les deux.
SEFER YETSIRAH (2, 1)

ENJAMBER LES PILIERS

Selon le grand kabbaliste du XVIe siècle Isaac Louria, les trois mères sont les lignes horizontales qui enjambent les piliers et relient les sefirot opposées : *shin* relie Chokhmah et Binah, *alef* relie Chesed et Gevurah, *mem* relie Netzach et Hod. Dans ce système, la thèse est la sefirah de droite, l'antithèse celle de gauche et la synthèse est la lettre mère connectant les deux. Le système lourianique est celui que nous avons utilisé dans ce livre.

ÉQUILIBRE ENTRE MÉRITE ET CONFIANCE

Les deux « plateaux » mentionnés dans la citation d'ouverture (ci-contre, à gauche) sont comme ceux d'une balance pesant les mérites et les péchés de l'univers. La « langue du décret » est l'indicateur de l'équilibre ou du déséquilibre sur une balance. Toutefois, elle peut également faire référence à la langue humaine qui peut équilibrer les actions des deux côtés de la nature d'un individu.

FREDONNEMENT, SIFFLEMENT ET SOUFFLE D'AIR

Les trois descriptions des sons faits par les lettres – fredonnement, sifflement et souffle d'air – sont en réalité un guide susceptible de servir de voie méditative à quiconque souhaite atteindre un équilibre spirituel. En dehors du lien allitératif entre les mots hébreux et les trois lettres, il existe également un lien onomatopéique : le son *m* est fredonné, *sh* est sifflé et *ah* est exhalé. En fredonnant le son

mem (m), on peut atteindre à la quiétude associée à l'eau et à la conscience de Chokhmah qui est la sagesse. On observe des parallèles avec la psalmodie du mantra sanskrit *om*.

Shin ש

Shin a une valeur numérique de 300 (voir pages 94-97). Elle est reliée à *ruach Elohim* qui signifie *l'esprit* ou *le souffle de Dieu*, qui a également une valeur numérique de 300. *Shin* est reliée au feu (*aish* en hébreu) et à Binah. En répétant ce son, le kabbaliste approche la conscience de Binah – une interprétation plus compréhensible de l'enseignement et de la vérité – qui peut ensuite être appliquée à la vie par le langage. Le feu, comme dans les autres traditions spirituelles, est un élément de transformation, permettant de créer le nouveau à partir de la dissociation de l'ancien.

Il existe plusieurs interprétations importantes des deux lettres mères *shin* et *mem*. Réunies, elles donnent *shem* qui signifie *nom* et s'utilise à la place du nom de Dieu. L'usage des noms permet à un individu de connaître et de comprendre le monde, et se connecte ainsi à Chokhmah et Binah.

La seconde connexion, moins ésotérique, se fait avec le mot *chashmal* signifiant *ambre*. Aryeh Kaplan note que les kabbalistes le voient comme « l'intermédiaire entre le physique et le spirituel, perçu par le prophète Ézékiel au milieu d'une vision du feu ». L'ambre est la substance qui conserve le matériau fossile préhistorique ; dans le film de Steven Spielberg *Jurassic Park*, il conserve l'ADN du dinosaure, formant ainsi le lien entre la structure physique des dinosaures du passé et le problème spirituel et moral posé par leur recréation dans le présent.

Alef, la lettre silencieuse qui commence l'alphabet hébreu, s'exprime comme un souffle ; le plus souvent, l'air est exhalé inconsciemment, une expression de Chokhmah. Toutefois, un individu qui contrôle sa respiration peut aller vers Binah.

UN SENS *de* L'ÉQUILIBRE

Ces questions vous aideront à identifier le lien entre vos réalités physique et spirituelle :

- ✡ *Comment vous sentez-vous et que pensez-vous lorsque vous fredonnez, sifflez et soufflez avec votre voix ?*
- ✡ *Selon vous, comment se présenterait à ce moment une balance de vos mérites et démérites ?*
- ✡ *Étudiez en quoi votre respiration est une expression de votre bien-être spirituel comme de votre bien-être physique. Que pouvez-vous faire pour contrôler votre respiration et influer ainsi sur votre santé ?*

LES CANAUX *de l'*ÉNERGIE *et de l'*ÉQUILIBRE

Les sefirot représentent la perfection de l'essence de Dieu. Cette essence divine est transmise de Keter à Malkhut par les voies. En outre, l'humanité qui aspire à Dieu emprunte, elle aussi, les voies. Chaque voie joue un rôle dans la transmission de l'énergie et dans l'équilibre entre les sefirot. Lorsqu'une sefirah se tourne vers une autre, un canal d'influence indépendant apparaît.

Dans la Bible, plusieurs mots hébreux sont employés pour désigner la voie. Dans le *Sefer Yetsirah*, le terme utilisé est *nativ* qui fait référence à une voie privée. La valeur numérique de ce mot est de 462 (voir pages 94-97), qui est le double du nombre de portes (231) décrites au chapitre II, 4 de ce livre. Ainsi, voyager sur les voies en franchissant les 231 portes est la tâche de toute une vie pour qui souhaite monter et s'unir à la lumière divine.

ALEF א

Alef, première lettre de l'alphabet hébreu, donne lieu à une interprétation mystique. Bien qu'elle corresponde à la voyelle *a* de notre alphabet, c'est en hébreu une lettre sourde qui se prononce seulement lorsqu'une consonne ou une autre voyelle lui est rattachée. On pense qu'*alef* existait avant le son, le souffle de Dieu, qui entreprit de créer l'univers en transformant la volonté atsilutique par l'acte bériatique de création, en exhalant l'*alef*.

Le *Sefer Yetsirah* dit que Dieu « a fait la lettre *alef* maîtresse du souffle [l'hébreu *ruach* signifie aussi esprit] et lui a attaché une couronne. » Ainsi, la puissance de Keter, au sommet de l'Arbre de vie, est liée à la royauté humaine dans Malkhut, où la volonté divine peut s'exprimer ou se manifester. Elle traverse aussi la poitrine sur l'image du corps humain, supervisant l'acte de respirer.

Pour commencer à comprendre l'énergie d'*alef* :

✡ fixez votre esprit sur votre nature essentielle, celle qui existait avant votre naissance,

✡ ouvrez la bouche et détendez votre gorge ; laissez échapper l'air avec un son voisé *aaah*,

✡ en exhalant ce *aaah*, essayez de savoir où vous le sentez dans votre corps et dans votre esprit,

✡ laissez le pouvoir du son connecter et équilibrer vos propres énergies de justice (Gevurah) et de miséricorde (Chesed).

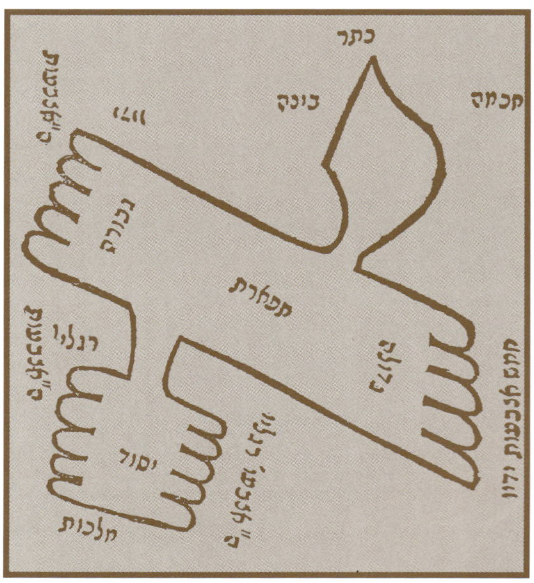

▸ LES 231 PORTES
Les 231 portes de l'ascension sont formées par les lettres de l'alphabet hébreu et les 231 lignes qui les relient. À côté se trouve la lettre alef, *dessinée par Moïse Cordovero, un kabbaliste du* XVIᵉ *siècle. Par contraste avec la formation habituelle de l'Arbre de vie, la lettre individuelle est employée ici pour représenter les dix sefirot dont les noms sont en annotation.*

MEM מ

Mem, treizième lettre de l'alphabet hébreu, correspond au *m* de notre alphabet. C'est une consonne labiale requérant la résonance de la voix entre les lèvres fermées. Selon le *Sefer Yetsirah*, Dieu a fait *mem* maîtresse de l'eau, et par conséquent, a formé le ventre dans l'âme. *Mem* est associée à l'eau, *meyim* en hébreu, et résonne de l'énergie de l'émotion.

Mem enjambe le chemin qui relie les sefirot Hod et Netzach, à travers le ventre qui, dans le système des chakras, est le centre de l'énergie vitale (voir pages 98-99). Une grande partie de l'identité de notre ego se situe dans ces sefirot. La gloire et la splendeur du potentiel humain doivent être équilibrées par le désir de laisser une empreinte éternelle sur le monde.

LES VOIES ET LA SCIENCE MODERNE

On peut relier les trente-deux voies de l'Arbre de vie au système nerveux humain, car trente-deux nerfs viennent de la moelle épinière ou vont vers celle-ci. La trente-deuxième voie, la plus élevée, correspond aux nerfs crâniens qui sont au nombre de douze. Les nerfs, à la fois récepteurs et émetteurs, transportent des messages chimiques le long des neurones sensitifs et moteurs ; les voies fonctionnent de la même manière. La pratique de la géométrie sacrée, telle qu'on la trouve dans la Kabbale, est par ailleurs susceptible d'être reliée à la physique quantique : les équations des lettres et des voies peuvent être considérées comme des représentations du flot cosmique d'énergie quantique. Il est très possible qu'au fil des siècles et de leurs interprétations ésotériques, les kabbalistes aient formulé les mêmes hypothèses ou vérités que les astrophysiciens d'aujourd'hui.

▲ LIQUIDE DE VIE
Selon le Sefer Yetsirah, *la lettre* mem *est maîtresse de l'eau, l'eau qui fait le lien avec le monde de Yetsirah (la Formation) et représente également l'émotion.*

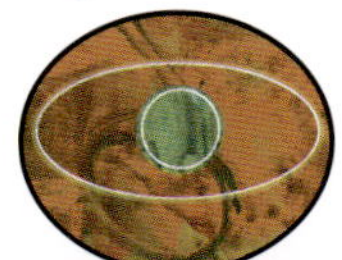

LE CHEMIN *vers* L'UNITÉ

Posez-vous les questions suivantes pour étudier la direction que prend votre esprit :

- ✡ *Quelles voies spirituelles empruntez-vous dans la vie ?*
- ✡ *Ces voies vous mènent-elles à l'union avec la lumière divine et à l'équilibre ou bien vous en éloignent-elles ?*
- ✡ *Exhalez le* aah *voisé et le souffle non voisé d'*alef. *Comment cette pratique peut-elle vous aider à équilibrer vos expressions de justice/pouvoir et de miséricorde/amour-bonté ?*
- ✡ *Fredonnez le son* mmm *; cela peut vous permettre d'équilibrer votre besoin de gloire/splendeur et de victoire durable.*

LES SEPT DOUBLES

Les sept doubles sont ces lettres hébraïques qui se prononcent de deux façons : bet, gimel, khaf, pay, resh *et* tav. *Isaac Louria les a affectées aux sept voies verticales entre les sefirot. Elles transportent l'énergie de l'Arbre et acheminent l'énergie entre les sefirot.*

LES VOIES DES TROIS PILIERS

Le pilier central de l'équilibre est la route par laquelle descend la lumière divine qui émane de Keter et montent les aspirations humaines provenant de Malkhut. Les doubles qui forment ce pilier sont *dalet*, reliant Keter et Tiferet, *resh*, reliant Tiferet à Yesod, et *tav*, reliant Yesod à Malkhut (qui ne possède que cette voie dans le système lourianique).

Les trois sefirot sur le pilier droit de la miséricorde sont connectées par *bet*, reliant Chokhmah et Chesed, et *khaf*, reliant Chesed et Netzach. Ainsi, elles centralisent et portent l'énergie expansive dirigée vers l'extérieur.

Sur le pilier gauche de la rigueur, les trois sefirot sont reliées par *gimel*, entre Binah et Gevurah, et *pay*, connectant Gevurah et Hod. Ainsi, elles renferment et transmettent l'énergie réceptive et restrictive du côté gauche.

Les sept doubles : avec elles furent gravés
sept univers, sept cieux, sept continents,
sept mers, sept fleuves, sept déserts,
sept jours, sept semaines, sept ans,
sept congés sabbatiques, sept jubilés
et le palais sacré. Ainsi, Dieu créa
sept bien-aimés au-dessous
de tous les cieux.

SEFER YETSIRAH (4, 10)

SEPT LETTRES LOURDES DE SENS

Les sept doubles ont une autre qualité : leur dualité. Le chapitre quatre du *Sefer Yetsirah* énonce que leurs qualités opposées sont le bien et le mal. Elles sont aussi liées aux sept planètes connues (les planètes externes Uranus, Neptune et Pluton n'ont été que récemment découvertes), associées à un jour de la semaine et à une direction qu'il faut respecter si l'on veut transmettre les qualités associées. Il est intéressant de noter que, au fil des siècles, les kabbalistes ont donné différentes interprétations de ces associations ; il est d'ailleurs possible que d'autres associations soient découvertes dans l'avenir.

Il est important de se rappeler que le système imaginé par les kabbalistes est un système à cinq dimensions (*Sefer Yetsirah* 1, 5). L'adepte doit s'imaginer debout à l'intérieur d'un cube avec trois paires de directions (haut-bas, est-ouest, nord-sud) alors que les deux autres dimensions se déplacent dans le temps (début-fin et bien-mal). L'étudiant occupe la position centrale de la Lune (la psyché) et regarde les planètes.

DALET ד

La quatrième lettre est *dalet*, de valeur numérique 4. Dans le système de Louria, c'est le chemin entre Kefer et Tiferet. Elle est décrite comme suit :

[Dieu] a fait dalet *maîtresse des semences*
et lui a donné une couronne
Et il a mélangé ceci et cela
et a formé le Soleil dans l'univers,
Il a formé le troisième jour de l'année
et la narine droite de l'âme, mâle et femelle.

SEFER YETSIRAH (4, 10)

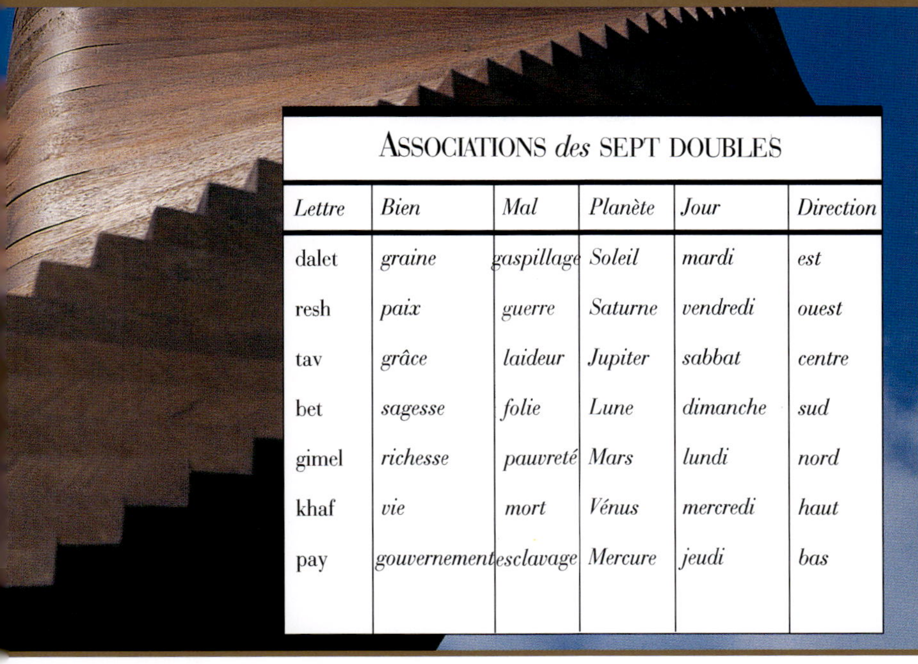

Associations *des* sept doubles

Lettre	*Bien*	*Mal*	*Planète*	*Jour*	*Direction*
dalet	*graine*	*gaspillage*	*Soleil*	*mardi*	*est*
resh	*paix*	*guerre*	*Saturne*	*vendredi*	*ouest*
tav	*grâce*	*laideur*	*Jupiter*	*sabbat*	*centre*
bet	*sagesse*	*folie*	*Lune*	*dimanche*	*sud*
gimel	*richesse*	*pauvreté*	*Mars*	*lundi*	*nord*
khaf	*vie*	*mort*	*Vénus*	*mercredi*	*haut*
pay	*gouvernement*	*esclavage*	*Mercure*	*jeudi*	*bas*

▲ Sept doubles
Les lignes verticales des sept doubles relient les sefirot et fournissent des voies ascendantes. Ce concept se retrouve dans les sculptures ou les constructions imposantes qui peuvent également élever l'esprit en plusieurs dimensions.

On peut considérer *dalet* comme une porte entre la lumière aveuglante émanant de Keter et la beauté puissante de Tiferet (le Soleil), fille de Chokhmah et Binah. Il est intéressant de noter que le mot-racine de soleil, *chamah*, a une autre signification : *furie*, ce qui laisse à penser que le rayonnement divin envoie de la colère comme de l'amour. Pour méditer dessus, imaginez une embrasure de porte avec une lumière éclatante venant de l'autre côté. Du côté où vous êtes, pensez à toute la beauté et à la gloire qui peuvent faire partie de l'univers et de votre vie. Envisagez les actes à accomplir pour faciliter la création de cette beauté.

L'objectif des voies

Au XIIIe siècle, Abraham Aboulafia donna accès aux secrets de la Kabbale par les pratiques méditatives. Ce cheminement vers la compréhension consistait en partie à apprendre différentes manipulations des lettres de façon à bénéficier du flux d'énergie que représentaient ces combinaisons. Un de ses disciples anonymes expliqua sa méthode dans *Shaarei Tzedek* (Les Portes de la vertu), publié en 1295 :

« [La démarche kabbalistique] consiste en une fusion, dans l'âme de l'homme, des principes de la science mathématique et de la science naturelle… Il doit cependant avoir étudié les significations littérales de la Torah et de la foi […] pour entraîner son esprit et non croire en tout à la manière d'un benêt… Car le prophète souhaiterait nous transmettre les secrets des combinaisons des consonnes et des […] voyelles entre elles, les voies d'où émanent les pouvoirs actifs et secrets, et la raison pour laquelle cette émanation est parfois empêchée par le haut. »

(ANONYME)

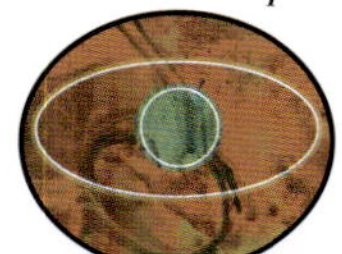

Méditer *sur le* chemin *de* Dalet

Posez-vous les questions suivantes lorsque vous examinez votre esprit :

✡ *Tout en regardant vers l'est et le lever du soleil, demandez-vous quelles graines vous avez semées et quel gaspillage vous avez fait.*

✡ *Que pouvez-vous faire pour que vos actes soient synonymes de progrès et non de gaspillage ou de destruction ?*

✡ *Après avoir décidé ce qui doit être fait, prenez l'engagement de vous mettre à l'œuvre mardi.*

*R*ESH et *T*AV

Resh et tav sont respectivement les vingtième et vingt-deuxième lettres de l'alphabet hébreu. Avec dalet, ce sont les voies du pilier central de l'équilibre qui font ainsi le lien avec la sefirah centrale, créant un flux d'énergie compensatoire à double sens entre le haut et le bas.

*R*ESH ר

Resh se prononce comme le *r* et a une valeur numérique de 200. Sa signification symbolique est la tête, qui se dit *rosh* en hébreu. C'est la voie qui relie Tiferet et Yesod, la Beauté et le Fondement.

Resh est placée au-dessus de la paix et de la guerre, et *Shabbataï*, le mot hébreu signifiant Saturne, a la même racine que *shabbat*, le septième jour de repos qui commence le vendredi soir. *Resh* est la voie qui relie Tiferet et Yesod, la voie entre la grâce et la beauté du Soleil d'une part, et l'identité et le psychisme de la Lune d'autre part. Dans le monde de Yetsirah, elle fait le lien entre l'identité du moi et le sentiment de l'ego. On peut l'interpréter comme la voie connectant ce qui se passe dans le cœur et la tête d'une personne qui essaie de trouver qui elle est. Les organes génitaux sont la partie du corps associée à Yesod, et la voie les relie au plexus solaire de Tiferet. Dans le système des chakras, ils correspondent à l'identité physique primitive du chakra racine et l'identité physique du chakra plexus solaire.

► TÊTE
La tête est un thème clé de la mythologie juive ; elle est utilisée dans divers contextes spirituels et linguistiques.

Dieu a fait la lettre resh *maîtresse de la paix et lui a accroché une couronne. Puis Dieu a mélangé ceci et cela et a créé Saturne dans l'univers, vendredi dans l'année, la narine gauche dans l'âme, mâle et femelle.*

SEFER YETSIRAH (4, 13)

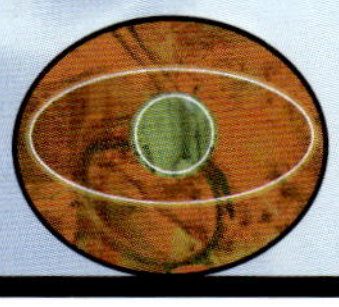

MEDITER *sur la* VOIE *de* RESH

Imaginez que le chemin de resh est dans votre tête et dans votre cœur :

- *Dans votre vie, recensez le temps passé en paix avec vous-même et le monde et celui où vous étiez dans un état de guerre destructrice.*
- *Pour rééquilibrer l'énergie, asseyez-vous le vendredi et laissez la beauté et la gloire de Tiferet pénétrer dans votre cœur et votre tête. Imaginez que vous êtes calme et n'avez nul besoin de faire la guerre ou de gagner des conflits.*
- *Vous pouvez avoir envie de jouer le mouvement de « Saturne » de la suite de Gustav Holst* Les Planètes, *et de vous laisser submerger par l'énergie.*
- *Que devez-vous faire pour amener la paix en vous-même, votre vie et le monde autour de vous ?*

TAV ת

Tav est la dernière lettre de l'alphabet, avec le son primaire *t*. Elle a une valeur numérique de 400 et sa signification symbolique est la croix. *Tav* est la voie entre Yesod et Malkhut, reliant l'identité fondamentale du moi au royaume terrestre de Shekinah, où se déroule toute l'activité humaine.

LES LIENS ESSENTIELS

Avec ses qualités contraires de grâce et de laideur, *tav* sert de médiateur entre la manifestation descendante de la grâce et la beauté divines dans le monde et la laideur que crée l'humanité en se détournant de la lumière divine. *Tav* relie le moi sensible de Yesod au moi physique de l'organisme. On la dit créatrice de Jupiter, dont le nom hébreu *tzedek* signifie *vertu*. Ainsi, Jupiter, la plus grosse des planètes, exerce la force de la vertu – ce que l'humanité peut recevoir et exprimer dans le monde ou négliger à ses risques et périls.

▲ LES ANNEAUX DE SATURNE
L'équilibre parfait des anneaux de Saturne symbolise l'équilibre dynamique existant entre le Soleil de Tiferet et la Lune de Yesod qui sont les sefirot associées à cette voie.

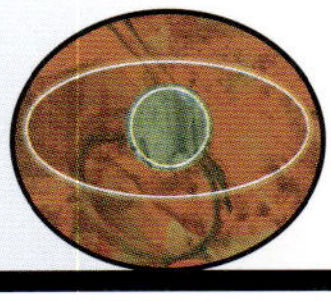

MÉDITER *sur la* VOIE *de* TAV

Pour la voie de tav, examinez votre corps et votre ego :

- ✡ *Le jour du sabbat, prenez le temps de vous reposer pour regarder ce qui se trouve au centre de votre vie.*
- ✡ *Respectez-vous votre corps et en prenez-vous soin en faisant de l'exercice et en mangeant sainement ?*
- ✡ *Dans les moments de faiblesse, que faites-vous pour engendrer la laideur du monde, et comment cessez-vous ces actions ?*
- ✡ *Imaginez votre vie pleine de grâce et pensez à ce que vous devez faire pour que cette vision devienne réalité.*

BET et GIMEL

Bet et gimel, seconde et troisième lettres de l'alphabet, occupent des positions similaires sur les piliers droit et gauche ; elles font le lien entre les sefirot supérieures et les sefirot situées au milieu de chaque colonne. Elles représentent aussi les premier et deuxième jours de la semaine, dimanche et lundi, et deux directions opposées, le sud et le nord.

BET ב

Bet, la seconde lettre, correspondant à *b*, se prononce parfois *v*. Elle a une valeur numérique égale à 2 et son symbole est une maison, *bayit* en hébreu. *Bet* est la première lettre dans la Torah, le début du mot *bereshit* signifiant *début*. C'est pourquoi elle traite des principes premiers. *Bet* est la voie verticale reliant Chokhmah et Chesed. Chokhmah est la sagesse nécessaire pour construire une maison qui doit rester solide et protéger ses occupants. De même, Chesed est la miséricorde et l'amour qui nous permettent de demeurer dans la maison de Dieu, et avec les autres dans nos vraies maisons.

Le mot désignant la lune, *l'vanah*, est peu commun et seulement utilisé dans le poème d'amour, le *Cantique des Cantiques* 4, 10 : « Qui est-elle… belle comme la lune, claire comme le soleil… » et dans Ésaïe 30, 26, où la promesse de rédemption de Dieu énonce que « la lumière de la lune sera comme la lumière du soleil, et la lumière du soleil aura sept plis… » Ces deux comparaisons suggèrent que l'énergie de *bet* renferme un potentiel de transformation et de croissance, d'une surface réfléchissante sans lumière à une beauté rayonnant d'un éclat propre.

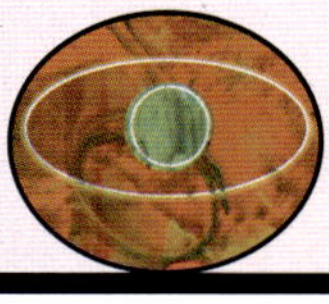

▼ LES DIRECTIONS DES VOIES
Les voies de bet *et de* gimel *sont associées au nord et au sud, des directions opposées sur une boussole.*

MÉDITER *sur la* VOIE *de* BET

Accédez à la voie de* bet *en procédant par étapes :

- ✡ *Choisissez un dimanche calme et trouvez un endroit tranquille.*
- ✡ *Pensez à la sagesse transmise par vos professeurs et vos amis, ainsi qu'à diverses circonstances de votre vie.*
- ✡ *Envisagez par quels moyens exprimer cette sagesse aux autres sous forme d'amour-bonté, et pour la restauration du monde.*
- ✡ *Mettez vos idées en pratique.*

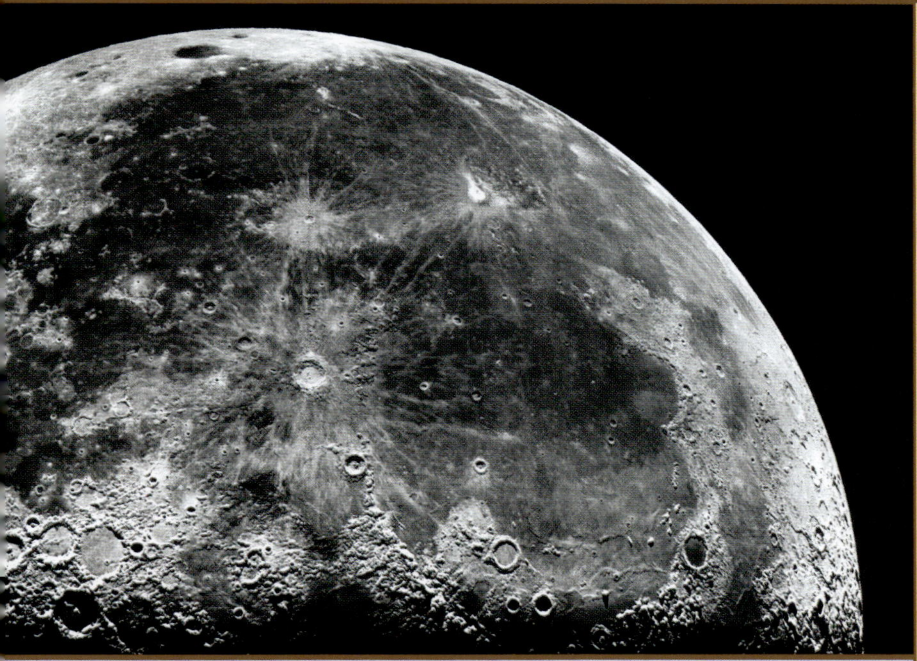

Forte de ses qualités de sagesse et de folie, *bet* achemine l'énergie de Chokhmah vers l'humanité en descendant le long du pilier de la miséricorde, où elle peut s'exprimer par l'action. Elle nous rappelle aussi qu'en se détournant de la sagesse qui nous est offerte, l'on risque la folie.

▲ LA LUNE
La Lune, symbole féminin du mystère et de l'émotion, est le corps céleste créé par Dieu à partir de la lettre bet.

GIMEL ג

Gimel, troisième lettre de l'alphabet, a une valeur numérique de 3 et se prononce *g*. Son symbole est le chameau, *gamal* en hébreu ; elle est associée au désert ainsi qu'à la capacité de maîtrise et d'endurance. Située à l'opposé de *bet*, sur le pilier de la rigueur, *gimel* est la voie verticale reliant Binah à Gevurah, les énergies de l'intelligence et de la justice.

Le *Sefer Yetsirah* signale que chaque lettre peut influer sur une partie du corps. De même, le jour qui lui est associé est prometteur pour l'énergie de la voie. Ainsi lundi serait un bon jour pour entamer une action visant à créer ou à accroître une richesse.

Reliant Binah à Gevurah, la voie de *bet* peut permettre de développer l'intelligence de Binah et de l'exprimer sous forme d'un jugement avisé et d'un usage correct du pouvoir. Elle contribue à maîtriser toute tendance à l'excès risquant d'engendrer le mal et la pauvreté.

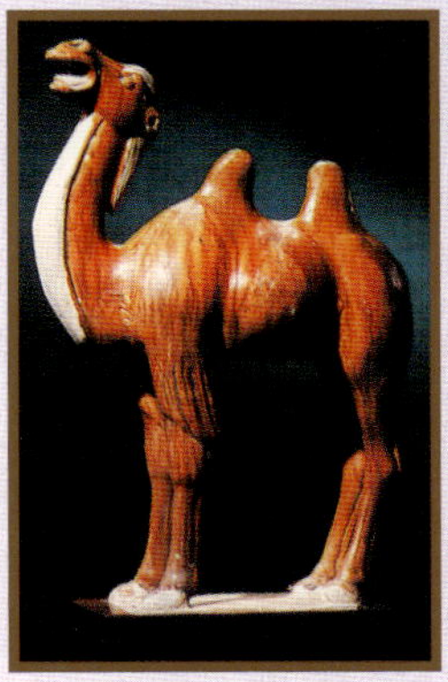

▲ PORTEUR DU DÉSERT
Le mot chameau *vient du mot hébreu* gamal *formé à partir de la lettre* gimel. *À l'image du chemin de* gimel *qui achemine la connaissance de la sefirah de Binah vers le jugement de Gevurah, le chameau transporte le voyageur à travers le désert.*

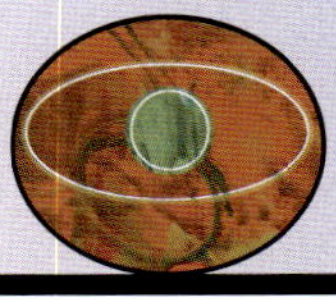

MÉDITER *sur la* VOIE *de* GIMEL

Suivez ces conseils pour étudier les associations de* gimel *:

- ✡ *Le lundi, prenez le temps de vous asseoir dans un endroit tranquille.*
- ✡ *Réfléchissez à la manière dont vous utilisez votre connaissance et votre intelligence. Vous souhaiterez peut-être vous concentrer sur un sujet particulier afin de résoudre un problème ou guider vos actions.*
- ✡ *Utilisez-vous votre pouvoir et votre jugement au détriment d'autrui lorsque vous essayez d'accroître votre richesse ou votre pouvoir personnels ?*
- ✡ *Décidez de changer d'attitude ou le cours d'une action avec l'intention de partager et non de prendre aux autres. Mettez cela en pratique tout de suite.*

Khaf et *Pay*

Khaf se situe au milieu de l'alphabet hébreu et sa valeur numérique est égale à 20. Elle se prononce kh *et* k, *et a pour symbole une paume ouverte évoquée par la forme de la lettre.* Khaf *relie les sefirot de Chesed et Netzach, formant un conduit à double sens qui accueille le flux de la miséricorde et de la victoire.*

▲ La planète de *pay*
Mercure se dit en hébreu kokhav, *qui signifie « étoile ». C'est la planète la plus petite mais aussi la plus chaude.*

Khaf כ

Vénus, la planète associée à la sefirah de Netzach, est en hébreu appelée *nogah* qui signifie éclat. Planète la plus brillante du ciel, elle symbolise la lumière. Les qualités de *khaf* sont la vie et la mort ; l'énergie qui coule entre Chesed et Netzach peut conduire dans les deux directions. Lors des méditations, il est suggéré que la prononciation douce des lettres permet d'atteindre les qualités positives alors que la prononciation dure influe sur les qualités négatives. Ainsi, le son *khaf* sert à se concentrer sur la vie et le son *kaf* sur la mort.

Pay פ

Pay, prononcée *p*, avec *f* pour son doux, est une lettre double à deux points de vue. Comme *khaf*, elle a une forme différente lorsqu'elle se trouve à la fin d'un mot. Elle a une valeur numérique de 80 et la bouche pour symbole. Le mot hébreu pour *bouche* est *pay*, première lettre du mot *pardes* signifiant *verger* ou *paradis*, qui a une grande importance dans la Kabbale. C'est la dernière des doubles lettres.

La voie de *pay* est un canal pour la puissante énergie de la justice et de la force de Gevurah, ainsi que pour la gloire et la splendeur de Hod. Les qualités de gouvernement et d'esclavage de *pay* sont explicitement reliées à l'énergie des sefirot. Le pouvoir et la splendeur servent à exécuter la volonté divine, et un excès de zèle à des fins de grandeur ou de pouvoir personnel résulte en un genre d'asservissement de soi ou des autres. Mercure *(kokhav)*, la planète issue de *pay*, est formée à partir de la même racine que le mot hébreu signifiant étoile.

Dieu a créé la lettre khaf
pour dominer la vie et lui a attaché
une couronne. En combinant ceci
et cela, il a formé Vénus
dans l'univers, mercredi dans l'année,
l'œil gauche dans l'âme,
mâle et femelle.

SEFER YETSIRAH 4, 10

Méditer *sur la* voie *de* Khaf

Visualisez le chemin de* khaf *dans votre tête et dans votre cœur :

✡ *Asseyez-vous dehors un mercredi soir, lorsque Vénus se couche, et regardez la planète qui ressemble à une étoile.*

✡ *Concentrez-vous sur votre vie jusqu'à ce jour ; examinez les qualités immuables et les accomplissements que vous souhaitez laisser derrière vous. Rappelez-vous que les choses qui durent peuvent être celles qui permettent de partager vos talents avec ceux des autres.*

✡ *Pensez à ce que vous pouvez donner à la vie au lieu de penser à ce que vous pouvez en tirer.*

Un orifice de la tête est formé à partir de chacun des doubles : les narines gauche et droite (*resh* et *dalet*), les yeux gauche et droit (*khaf* et *bet*), les oreilles gauche et droite (*pay* et *gimel*) et la bouche *(tav)*. Ces ouvertures sont nos organes sensoriels, les canaux par lesquels nous ressentons le monde. La Kabbale offre, par ces voies, l'occasion d'aiguiser nos sens et de les utiliser plus efficacement pour faire le bien car, tout comme nous absorbons des informations, nous choisissons la façon dont nous les transmettons.

▲ VÉNUS
Cette image de Vénus montre la beauté intrinsèque de la planète. Créé à partir de la lettre khaf, *le nom hébreu de Vénus est* Nogah *qui signifie éclat.*

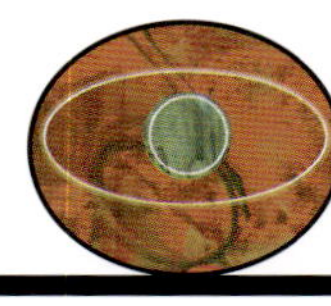

MÉDITER *sur la* VOIE *de* PAY

Imaginez la voie de* pay *par le biais de ces exercices simples :

- ✡ *Choisissez jeudi, le jour associé à* pay, *pour passer un peu de temps dehors, la nuit, dans un lieu tranquille. Si possible, consultez une carte astronomique pour savoir où se trouve Mercure.*
- ✡ *Regardez les étoiles et essayez de localiser Mercure. Sinon, contemplez les étoiles puis regardez la Terre.*
- ✡ *Pensez à la manière dont vous dominez les autres et la Terre, jusqu'à quel point vous asservissez les autres, ou êtes asservi par votre propre vie.*
- ✡ *Réfléchissez à la manière dont vous pouvez changer votre relation aux autres en termes de pouvoir et de gloire. Peut-être avez-vous besoin de renforcer votre assurance ou d'apprendre à être plus docile.*
- ✡ *Choisissez une relation dans laquelle un changement d'énergie améliorera à la fois cette relation et le monde. Engagez-vous à opérer ce changement et passez à l'action.*

◄ LIEU DE PRIÈRE
Le magnifique intérieur de la synagogue de Londres Ouest illustre parfaitement la finalité de l'art religieux, à savoir glorifier Dieu et aider l'esprit à monter vers yichud, *en faisant un avec le Divin.*

Les douze simples

Les douze voies simples sont les lettres hay, vav, zayin, chet, tet, yod, lamed, nun, samech, ayin, tzadi, kuf. *Leur fondement est la parole, la pensée, le mouvement, la vue, l'ouïe, l'action, le coït, l'odorat, le sommeil, la colère, le goût et le rire. Ces lettres comprennent les voies diagonales entre les sefirot de l'Arbre – elles sont connues comme simples ou primaires, parce qu'elles n'ont qu'une seule prononciation.*

Associations des douze simples

Lettre	*Valeur*	*Symbole*	*Fondement*	*Limite*	*Constellation*	*Mois hébreu*	*Organe*
hay	*5*	*fenêtre*	*parole*	*est supérieur*	*Bélier*	*nissan*	*pied droit*
vav	*6*	*crochet*	*pensée*	*est nord*	*Taureau*	*iyyar*	*rein droit*
zayin	*7*	*arme*	*mouvement*	*est inférieur*	*Gémeaux*	*sivan*	*pied gauche*
chet	*8*	*clôture*	*vue*	*sud supérieur*	*Cancer*	*tammuz*	*main droite*
tet	*9*	*serpent*	*ouïe*	*sud est*	*Lion*	*av*	*rein gauche*
yod	*10*	*main*	*action*	*sud inférieur*	*Vierge*	*elul*	*main gauche*
lamed	*30*	*pique-bœuf*	*coït*	*ouest supérieur*	*Balance*	*tishrei*	*vésicule biliaire*
nun	*50*	*poisson*	*odorat*	*ouest sud*	*Scorpion*	*cheshvan*	*intestins*
samech	*60*	*étai*	*sommeil*	*ouest inférieur*	*Sagittaire*	*kislev*	kivah *(4e estomac du ruminant)*
ayin	*70*	*œil*	*colère*	*nord supérieur*	*Capricorne*	*tevet*	*foie*
tzadi	*90*	*hameçon*	*goût*	*nord ouest*	*Verseau*	*shevat*	korkeban *(gésier)*
kuf	*100*	*arrière de la tête*	*rire*	*nord inférieur*	*Poissons*	*adar*	*rate*

Pour comprendre la complexité de la vision des kabbalistes, il est utile de voir l'univers pluridimensionnel comme un cube aux dimensions temporelles et spatiales. Comme nous l'avons indiqué précédemment, les descriptions du *Sefer Yetsirah* ont au fil des siècles donné lieu à diverses interprétations. La structure cubique a été établie par un extraordinaire kabbaliste du XVIIIe siècle, Eliahu ben Shlomo, le Gaon de Vilna, dénommé le Gra.

D'après Aryeh Kaplan, ces douze lettres simples sont reliées aux douze tribus d'Israël, établissant ainsi une relation historique avec les frontières

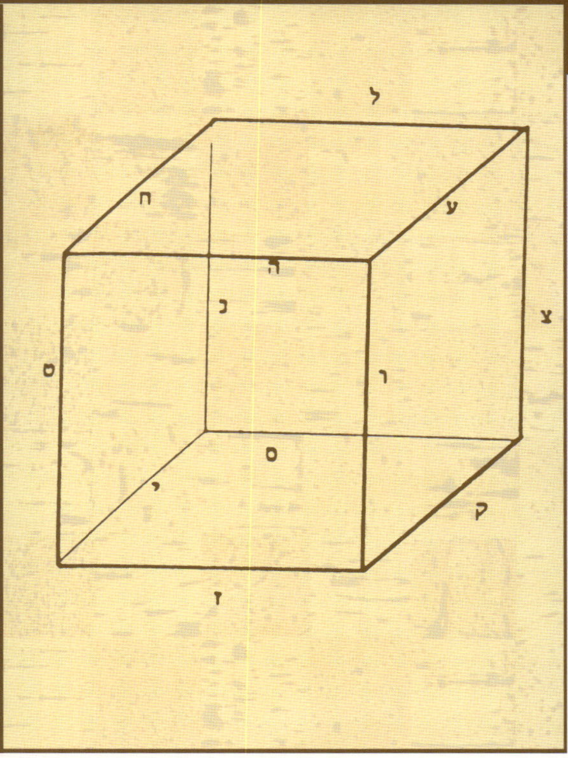

▲ NOUVELLES DIMENSIONS
Comme le radiotéléphone qui découvre les limites de l'espace, les douze simples définissent les frontières de l'univers kabbalistique. Ce cube pluridimensionnel est imaginé avec trois paires de directions géographiques : haut-bas, est-ouest et nord-sud, et deux paires de dimensions temporelles : début-fin, et bien-mal.

Les douze simples
Leurs fondements sont les douze frontières diagonales. Elles s'étirent sans discontinuer jusqu'à l'éternité des éternités. Et ce sont elles les limites de l'univers.
SEFER YETSIRAH (5, 2)

géographiques, puisque les positions des camps des tribus étaient connues dans la Torah (Nombres 1-2). En outre, le *Sefer ha-Bahir* (95) dit que l'Arbre de vie se situe à l'intérieur des limites des douze lettres simples. Celles-ci contiennent l'énergie des voies diagonales entre les sefirot. Ainsi, elles formulent les paramètres de l'univers métaphysique et de notre réalité physique et spirituelle.

LES LETTRES SIMPLES ET LE ZODIAQUE

Pour les érudits de la Kabbale, les modèles astrologiques et la compréhension de l'influence du mouvement des étoiles et des planètes faisaient partie intégrante de leur cosmologie. Dans le commentaire d'Abraham ben David, appelé le Raavad (1120-1198 apr. J.-C.), se trouve un schéma reliant toutes les associations des douze voies connectées aux lettres simples : les permutations du tétragramme, les fondements (ou maisons), les tribus d'Israël, les mois et les signes du zodiaque. Comme ce schéma figure dans une édition du XVIe siècle, il est probable que l'auteur soit en fait un kabbaliste plus récent, Yosef ha-Arukh, Joseph le Grand, qui vécut au XIVe siècle.

Les kabbalistes ont mis au point un système mathématique très complexe impliquant l'époque de la naissance et la valeur numérique du nom hébreu de l'individu et de celui de sa mère. Les signes du zodiaque sont associés aux mois lunaires plutôt qu'aux signes du soleil de l'astrologie occidentale. Les constellations sont des canaux d'énergie divine qui vont des étoiles au monde de l'humanité.

HAY et VAV

Hay et vav sont les cinquième et sixième lettres de l'alphabet hébreu ; elles forment avec yod le tétragramme YHVH ou nom divin. Elles forment également une partie du verbe être et, à un niveau linguistique, se connectent à l'existence et à Dieu. Hay signifie également l'article défini le, alors que vav est la conjonction et, associant les noms et les verbes, les individus et les actions. La structure complexe du langage confirme l'idée que les lettres renferment de puissantes énergies provenant de royaumes supérieurs.

HAY ה

Hay est la diagonale qui relie Keter, au sommet de l'Arbre de vie, à Chokhmah, la seconde sefirah. C'est la voie empruntée par l'éclair d'émanation divine pour accomplir la première étape de son voyage à travers les sefirot en direction du royaume de Malkhut et de la vie humaine. Elle porte aussi l'énergie du caractère exceptionnel et de l'unité de Dieu. Dans l'autre direction, elle dirige l'ascension de l'esprit de la sagesse vers la couronne et la source de lumière divine. Le symbole pictural de la lettre est une fenêtre ; on peut voir *hay* comme une fenêtre ouvrant sur l'éclat divin de Dieu. Seuls les êtres humains les plus vertueux et les plus parfaits sont capables d'atteindre ce niveau d'ascension spirituelle vers l'unification.

Hay, maîtresse de la parole, forme la constellation du Bélier (en hébreu *taleh*, signifiant *agneau*), premier signe du zodiaque correspondant à Nissan, le premier mois de l'année lunaire. Elle suggère que ce mois de printemps est un moment idéal pour concentrer son attention sur le travail d'unification et pour commencer un projet ou une activité en relation avec la parole.

[Dieu] a fait de la lettre hay
la maîtresse de la parole
et lui a accroché une couronne,
Il a mélangé ceci et cela, et avec eux
il a formé le Bélier dans l'univers,
Nissan dans l'année, le pied droit
dans l'âme, mâle et femelle.

SEFER YETSIRAH (5, 7)

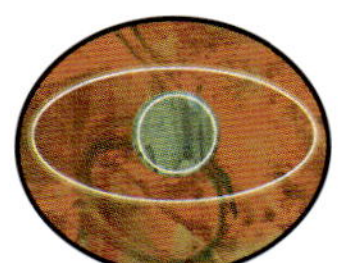

MÉDITER *sur la* VOIE *de* HAY

***Étudiez les attributs de la lettre* hay**
en essayant de faire ces exercices :

- ✡ *Regardez en l'air vers l'est, quand le soleil se lève.*
- ✡ *En accueillant l'énergie chaude du soleil, rendez grâces pour votre vie et le jour à venir.*
- ✡ *Réfléchissez à la manière dont vous allez utiliser votre pouvoir de parole aujourd'hui. Quelles précautions devez-vous prendre pour être sûr que votre parole n'engendre aucun mal ? De quelle générosité devez-vous faire preuve pour être certain que votre travail est bénéfique ?*
- ✡ Hay *vous guide avec la plus grande sagesse vers la lumière de l'intelligence. Laissez-vous aller à chercher cette sagesse.*

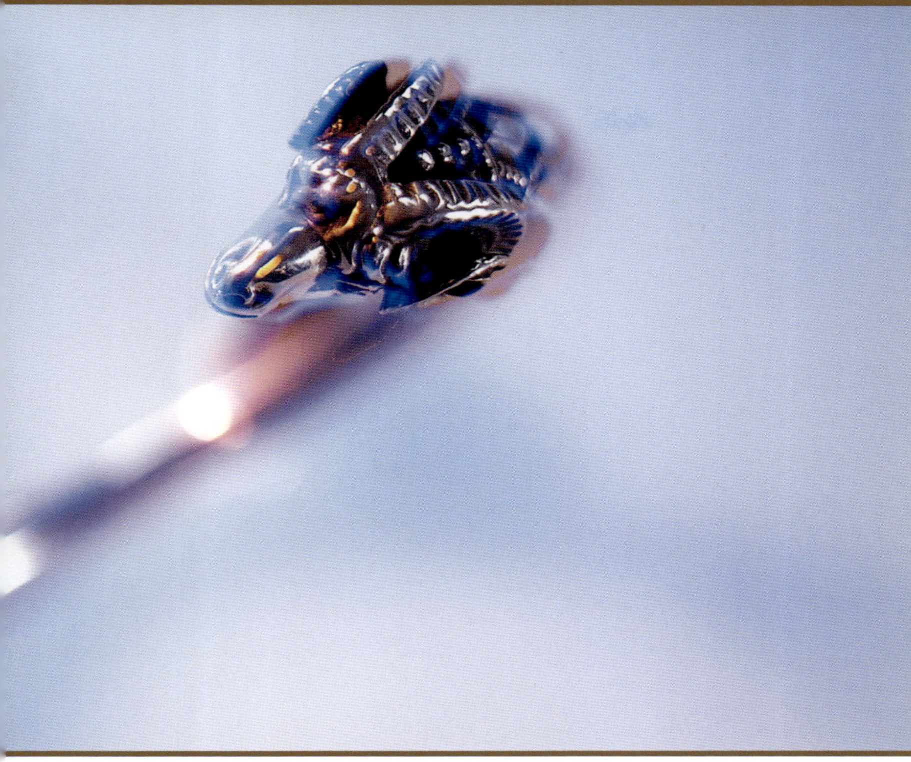

▲ LE BÉLIER
Le Bélier est le premier signe du zodiaque, formé par la lettre hébraïque hay. *ce chemin conduit à la lumière divine, de la sefirah de Keter à la sagesse de Chokhmah.*

VAV ו

[Dieu] a fait la lettre vav *maîtresse de la pensée*
et lui a accroché une couronne,
Il a combiné ceci et cela, et avec eux
[Dieu] a formé le Taureau dans l'univers,
Iyyar dans l'année
et le rein droit dans l'âme, mâle et femelle.

SEFER YETSIRAH (5, 7)

Vav, la sixième lettre, est le chemin qui relie Keter à Binah, et l'équivalent de *hay*. Avec *hay* et la lettre mère *shin*, elle forme la première triade de l'Arbre de la vie et renferme l'énergie ascendante supérieure. La voie entre les deux sefirot achemine l'énergie divine pour motiver l'acquisition de la connaissance. La lettre *vav* représente la colonne vertébrale et peut être considérée comme un pilier qui transmet nos impulsions nerveuses. Ainsi c'est un conduit réservé à tout ce que nous apprenons.

Vav forme le signe du Taureau (en hébreu *shor*, ou bœuf) et supervise le mois printanier de Iyyar, période comprise entre la fête de Pesach (la Pâque juive) qui célèbre la libération de l'esclavage égyptien sous la direction de Moïse, et la fête de Shavuot (la Pentecôte) qui a lieu sept mois plus tard et célèbre la première récolte et le don de la Torah aux Israélites sur le mont Sinaï.

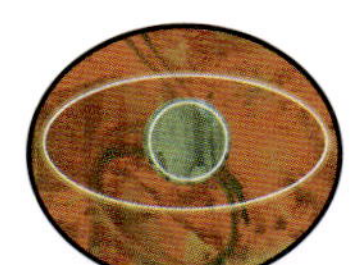

MÉDITER *sur la* VOIE *de* VAV

Prenez le temps de visualiser le chemin associé à la lettre hébraïque* vav *:

- ✡ *Visualisez votre colonne vertébrale et sentez sa force. Penchez-vous et ondulez pour expérimenter sa souplesse.*
- ✡ *Maintenant, imaginez votre colonne vertébrale et la lettre* vav *comme un conduit de lumière et d'énergie divine. Imaginez que la lumière pénètre dans votre âme et votre cerveau.*
- ✡ *Ressentez la chaleur, l'amour et la floraison de l'intelligence qui accompagnent cette réceptivité à la lumière et à l'amour de Dieu.*
- ✡ *Souvenez-vous que Iyyar (habituellement le mois de mai) est le moment propice pour renforcer vos capacités intellectuelles. Envisagez la manière de consolider votre processus de pensée.*

ZAYIN et KUF

Zayin, avec une valeur numérique égale à 7, joue un rôle essentiel dans l'acheminement des énergies de la sefirot supérieure vers les sept sefirot inférieures. Kuf *est le chemin correspondant à* zayin, *la diagonale reliant Binah et Chesed. Sa valeur numérique égale à 100 est la plus élevée des lettres simples. Ces deux voies traversent la non-sefirah mystique de Da'at et jouent un rôle décisif dans le transfert des énergies supérieures.*

ZAYIN ז

Zayin relie Chokhmah, la sagesse révélatrice, à Gevurah, la force et la justice. Son symbole, qui ressemble un peu à une épée, lui donne une signification symbolique en tant qu'arme.

Supervisant le mouvement, *zayin* forme également le pied gauche. En termes psychobiologiques, le côté gauche du corps est gouverné par le côté droit, irrationnel et généralement non dominant du cerveau (sauf si vous êtes gaucher). Ainsi lorsque vous avancez du pied gauche, votre pas est guidé par l'énergie de Chokhmah. Vous pouvez utiliser cette sagesse pour exercer un jugement sérieux de vos actions et de vos pas.

Zayin est le signe astrologique des Gémeaux ; le mot hébreu *t'omim* signifie *jumeaux*. Ce mot désigne les jumeaux Jacob et Ésaü combattant dans le ventre de Rebecca (Genèse 25, 24) ainsi que les fils jumeaux de Tamar (Genèse 38, 27). La nature duale des jumeaux, identiques mais luttant pour obtenir une reconnaissance et un pouvoir individuels, est connectée à l'énergie de Gevurah. L'usage du mot dans le *Cantique des Cantiques*, comparant les deux seins de la bien-aimée aux faons jumeaux d'une gazelle (7, 3-4), correspond mieux à l'interprétation kabbalistique. L'imagerie de l'amour sert à exprimer la beauté parfaite de Shekinah, l'aspect féminin de Dieu dans Malkhut.

[Dieu] a fait la lettre zayin
maîtresse du mouvement
et lui a accroché une couronne,
Il a mélangé ceci et cela
et a formé les Gémeaux
dans l'univers,
sivan dans l'année
Et le pied gauche dans l'âme,
mâle et femelle.
SEFER YETSIRAH (5, 7)

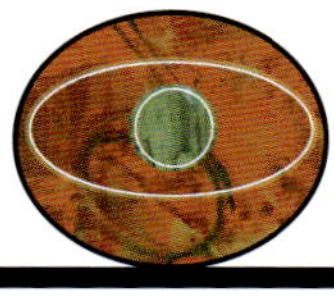

MÉDITER *sur la* VOIE *de* ZAYIN

Prenez le temps de penser à la voie de zayin :

- ✡ *Tenez-vous debout sur le pied gauche et restez en équilibre quelques minutes. Analysez ce que vous ressentez en vous tenant ainsi.*
- ✡ *Marchez quelques instants, en vous efforçant d'avoir le pied gauche directeur, puis faites de même avec le pied droit* (hay) *et notez les éventuelles différences.*
- ✡ *En continuant à marcher, étudiez les deux côtés de votre nature, ce que vous considérez comme vos forces et vos faiblesses. Pensez à la manière de reconnaître ces qualités comme faisant partie de vous-même.*
- ✡ *Comment votre force et l'exercice d'un jugement influencent-ils l'accroissement de la sagesse dans votre vie ? Dans quelle mesure permettez-vous à la sagesse qui vient vers vous de s'appliquer à vos actes et à vos jugements ?*

▲ L'ÉPÉE DE *ZAYIN*
Le symbole de la lettre zayin *est une arme ou une épée. Il existe des ressemblances évidentes entre la lettre et sa signification.*

KUF ק

Le symbole de *kuf*, l'arrière de la tête, vient de la forme particulière de cette lettre.

Entre Binah et Chesed se trouve la voie qui transforme l'intelligence en action. Le savoir instinctif venant de Chokhmah et la connaissance rationnelle résultant de l'expérience et de l'apprentissage engendrent l'expression de la miséricorde et de l'amour-bonté dans le monde. L'empathie et la sympathie nous permettent de connaître les besoins des autres et de leur offrir amour et miséricorde.

De même, l'amour et l'intelligence que nous recevons d'autrui peut renforcer notre propre compréhension de l'être humain. Plus nous donnons et recevons de l'amour, plus nous comprenons que l'amour et l'unicité sont essentiels à l'esprit humain.

Le rire étant l'expression humaine de *kuf*, cette voie, reliée au mois adar, était considérée par les rabbins comme un élément déterminant dans la compréhension de la fête du Pourim qui a lieu à la pleine lune d'adar. Le Pourim commémore la survie des Juifs de Perse menacés d'anéantissement. Cette histoire, relatée dans le Livre d'Esther, est une histoire pleine d'apparentes coïncidences dans laquelle le nom de Dieu n'est jamais mentionné. Pourtant, la main invisible de Dieu se sent à chaque étape de l'histoire. Avec la voie de *kuf*, la volonté et la connaissance invisibles de Dieu (Da'at) sous-tendent la voie reliant Binah et Chesed.

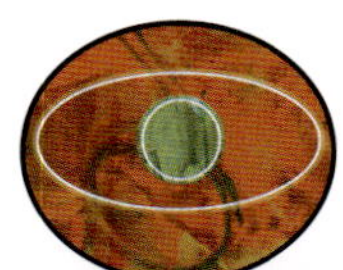

MÉDITER *sur la* VOIE *de* KUF

Imaginez la voie de* kuf *dans votre cœur et votre tête :

- *Pensez à tout ce que vous avez appris depuis que vous avez commencé à étudier la Kabbale ? Quel degré de compréhension avez-vous atteint ?*
- *Pourquoi pensez-vous posséder le pouvoir de l'intellect qui vous permet d'être confronté à de nouveaux concepts, de comprendre leur signification et leur pertinence ?*
- *Comment faire usage de votre connaissance pour que les autres accèdent à l'amour-bonté ?*
- *Considérez l'amour offert par les autres comme un cadeau.*

Tet, Yod, Lamed *et Nun*

Tet *et* yod *sont les voies symétriques qui forment la triade de Netzach, Hod et Tiferet.* Tet *est la neuvième lettre de l'alphabet, sa valeur numérique est égale à 9.* Yod *est la dixième lettre, sa valeur est de 10.* Lamed *et* nun *forment les deux voies diagonales à l'opposé* de tet *et* yod. Lamed *relie Hod (la Splendeur) à Yesod (le Fondement), alors que* nun *s'étire entre Netzach (le Triomphe) et Yesod.*

Tet ט et *Yod* י

La signification symbolique de *tet* est le serpent qui forme un cercle avec la queue presque dans la bouche. *Tet* relie Tiferet (la Beauté) et Hod (la Splendeur) ; c'est donc la voie qui donne une existence à la beauté divine en tant que splendeur et gloire de la création. *Tet* nous permet de nous rendre compte que toutes les choses merveilleuses que l'on voit et vit sont une expression de la gloire de Dieu.

Yod, première lettre du tétragramme, est directement connectée au nom divin. C'est la voie entre Tiferet et Netzach, apportant la beauté, la fille de Chokhmah et Binah, dans le monde comme expression de l'endurance et de la victoire. La montagne qui domine la terre, les icebergs qui flottent majestueusement sur la mer, les processus de vie qui entretiennent le système écologique sont tous des expressions de Netzach, qui reçoit les pleins pouvoirs de Tiferet.

L'ouïe et l'action, leurs deux qualités, nous rappellent l'importance des sens pour apprécier ce que nous faisons et ce que les autres font. Tous les chemins convergent vers Tiferet et, de ce centre magnifique, vient la possibilité de créer des formes et des actions qui introduisent des attributs divins dans notre réalité humaine.

[Dieu] a fait la lettre tet *maîtresse de l'ouïe*
et lui a accroché une couronne,
Il a mélangé ceci et cela et a formé le Lion
dans l'univers,
av dans l'année, et le rein gauche dans l'âme,
mâle et femelle.
[Dieu] a fait la lettre yod *maîtresse de l'action*
et lui a accroché une couronne
Il a mélangé ceci et cela et a formé la Vierge
dans l'univers,
elul dans l'année, et la main gauche
dans l'âme, mâle et femelle.

SEFER YETSIRAH 5, 8

Lamed ל et *Nun* נ

Ensemble, *lamed* et *nun* forment un losange coupé en deux par la lettre mère *mem*. *Lamed* ressemble à son symbole, un pique-bœuf, un bâton incurvé servant à stimuler l'animal dans son travail. *Lamed*, qui relie Hod et Yesod, transporte l'énergie supérieure dans le royaume du moi où se produisent des actes spécifiques de créativité et de libre expression. Elle dirige l'acte sexuel, acte humain fondamental exprimant la force vitale, l'amour et la créativité. Comme la Balance, *lamed* évoque l'obligation d'équilibrer la nécessité pour l'ego de s'exprimer librement et la limitation du moi indispensable à la glorification de Dieu.

Les plateaux de la Balance se confondent avec les fêtes de Tishrei, les dix Jours Terribles. Pendant cette période, chaque Juif doit harmoniser les actes qu'il a accomplis durant l'année écoulée, pour faire une « expertise de son âme ». Entre le nouvel an (Rosh Ashanah) et la fête du Grand Pardon (le Yom Kippour), chacun a l'occasion de demander ou d'octroyer le pardon pour les mauvaises actions perpétrées envers ou par d'autres, et aussi pour faire la paix avec Dieu.

▼ LE SERPENT DE *TET*
Tet *représente le serpent et relie les sefirot de Tiferet (la Beauté) et Hod (la Splendeur). Dans d'autres cultures, le serpent circulaire est une image d'éternité.*

Nun, symbolisée par un poisson, forme le signe zodiacal du Scorpion et le mois de cheshvan (octobre/novembre). C'est une époque de stabilisation après les quatre grandes fêtes qui ont eu lieu le mois précédent, le mois de tishrei. L'obscurité commence à s'installer et le mois doit se préparer à l'hiver, la période sombre de l'année. Il n'y a pas de fête juive ce mois-là, ce qui signifie qu'il faut accomplir un gros travail personnel pendant ce laps de temps où aucune célébration religieuse ou communautaire ne vient faire diversion.

La voie entre Netzach et Yesod représente l'expression du moi dans le monde, qui laisse une empreinte et subit l'influence des choses de la vie immuables. Avec « les intestins dans l'âme » vient le travail d'assimilation. À mesure que se déroule le processus de digestion, de la décomposition des aliments dans l'estomac à leur absorption dans l'intestin, l'âme peut profiter de ce moment pour absorber l'énergie qui descend des sefirot supérieures afin de se préparer au travail.

SAMECH, AYIN, TZADI et CHET

Samech *et* ayin *forment les voies qui partent des sefirot supérieures pour rejoindre Tiferet.* Samech *est la voie entre Chokhmah et Tiferet tandis qu'*ayin *relie Binah et Tiferet. Ces deux énergies sont en relation avec l'esprit de Dieu et sa manifestation dans la beauté. Les lettres* tadzi *et* chet *sont les lettres simples reliant Gevurah et Tiferet à partir du pilier gauche et Chesed et Tiferet à partir du droit.*

SAMECH ס ET *AYIN* ע

Samech forme le signe du Sagittaire, l'archer. Le mot hébreu est *keshet*, signifiant *arc* ; l'arc de l'archer et l'arc-en-ciel sont tous deux placés dans le ciel par Dieu après le Déluge, attestant sa promesse de ne jamais détruire le monde de cette façon. L'arc de l'archer et l'arc-en-ciel sont des expressions de la grâce, de la beauté et des lois physiques en action. Ainsi, l'énergie de *samech* transforme la sagesse divine en expression créatrice.

Ayin, qui relie Binah à Tiferet, transporte l'énergie de la compréhension provenant de Dieu qui se manifeste en beauté. Avec *samech*, ces deux aspects de l'esprit divin fusionnent dans Tiferet, dans la beauté parfaite de la création. *Ayin*, maîtresse de la colère, nous rappelle que l'intelligence de Dieu, sur le pilier gauche de l'austérité, peut conduire à l'expression de la colère comme de l'amour. Reliée au foie, qui est l'organe de transformation de nombreuses fonctions vitales, *ayin* indique que cette voie supervise le processus de pensée qui doit être entrepris.

Dieu a fait la lettre samech
maîtresse du sommeil
et lui a accroché une couronne,
Il a mélangé ceci et cela
et a formé le Sagittaire dans l'univers,
kislev dans l'année, et le kivah
[quatrième estomac du ruminant]
dans l'âme, mâle et femelle.

SEFER YETSIRAH 5, 9

MÉDITER *sur la* VOIE *de* SAMECH

***Imaginez la voie de* samech**
dans votre tête et dans votre cœur :

✡ *Concentrez-vous sur le froid et l'obscurité de l'hiver, avec ses jours brefs et ses longues nuits. À cette époque, il est possible de cesser toute activité et de contempler comment la sagesse de l'univers descend de l'infinité de l'espace et du temps.*

TZADI צ ET *CHET* ח

Le système de Louria change la position de *chet* et *kuf* en les sortant de leur ordre chronologique et alphabétique. Cependant, dans certains systèmes, *chet* est considérée comme la voie reliant Keter à Tiferet en passant par Da'at, alors que *kuf* connecte Netzach à Yesod. Le Gra, Eliahu ben Shlomo, plaçait *tadzi* entre Netzach et Malkhut, et *chet* entre Binah et Tiferet.

Tzadi, symbolisée par un hameçon, forme le signe du Verseau, le porteur d'eau. *Tadzi*, maîtresse du goût, apporte un autre sens à la manifestation de la beauté dans Tiferet. *Chet*, qui gouverne la vue, est porteuse d'un sens plus profond. Tiferet, au centre, reçoit les énergies du sommeil, de la colère, de l'action, du goût et de la vue.

En tant que maîtresse de la vue, *chet* permet au disciple de mettre en relation avec le monde entier la beauté de Tiferet et l'amour de Chesed. Grâce à la vue, nous recevons des images du monde que notre cerveau nomme, explique et adapte. Ainsi, la voie de *chet* nous offre la possibilité de voir plus clairement ce que le Divin va créer pour nous.

▲ L'HAMEÇON MYSTIQUE
La lettre tzadi *est généralement associée à un hameçon. La forme angulaire de la lettre présente une ressemblance évidente avec l'hameçon, tandis que ses qualités essentielles sont restées les mêmes depuis l'aube de l'humanité.*

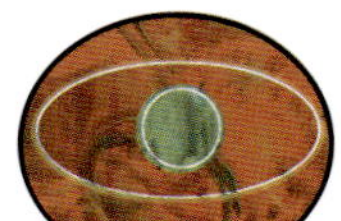

MÉDITEZ *sur la* VOIE *de* CHET

Prenez le temps de penser à la voie de* chet *:

✡ *Regardez votre main droite, l'organe formé par* chet*. Pensez à tout ce que vous faites avec la main droite et à ce que serait la vie sans elle. Réfléchissez à tout l'amour et la beauté que vous pourriez donner au monde grâce à l'usage de votre main droite.*

✡ *Jetez un coup d'œil autour de vous et essayez de regarder intentionnellement les choses que vous considérez habituellement comme allant de soi. Prenez conscience que votre vue vous permet d'apprécier la beauté qui réside dans chaque chose et engagez-vous à prendre le temps de voir avec plus de lucidité et de discernement.*

Chapitre Quatre

Le pouvoir des anges

La Kabbale considère comme allant de soi l'existence des anges, qui interagissent avec l'humanité dans les mondes inférieurs, comme des archanges qui peuplent le monde de Beriah (la Création) et ses sefirot. Le mot français ange *vient du mot grec* aggelos *et du mot latin* angelus, *une traduction du mot hébreu* malakh *qui signifie* messager.

Au fil des siècles, le concept des anges évolua. Au début, ceux-ci étaient des êtres appartenant à la cour du Tout-Puissant qui jouaient le rôle de messagers dans le monde des hommes ; puis l'imagerie chrétienne en fit des êtres exprimant la grâce et la justice de Dieu.

▸ Des êtres qui nous ressemblent *Intermédiaires entre le monde supérieur et le monde inférieur, entre Dieu et l'homme, les anges peuvent être des messagers ressemblant à n'importe lequel d'entre nous. Cette représentation angélique est extraite d'un film de 1946,* Un problème de vie ou de mort.

ANGES d'HIER et d'AUJOURD'HUI

Les mythes angéliques, apparus dans la Perse antique, furent introduits dans la tradition mystique juive durant l'exil babylonien (586-536 av. J.-C.). Pendant l'époque talmudique (de 200 av. J.-C. à 500 apr. J.-C. environ), certains rabbins ont utilisé les anges pour représenter la volonté et le jugement divins dans leurs explications des textes bibliques. Ces anges étaient considérés comme des êtres divins à l'existence indépendante, mais assujettis à la loi de Dieu.

La demeure de Dieu se trouve dans le septième ciel,
à côté d'elle se trouve la demeure des pieux,
et les anges viennent juste après.

TALMUD ROSH HASHANAH 24B

▲ LE RÔLE DU CHÉRUBIN
Le chérubin apparaît tout au long de la Bible, d'Adam et Ève jusqu'à la construction de l'Arche d'alliance – façonnés dans l'or, ils se tenaient aux extrémités de l'arche, les ailes déployées. L'art chrétien les représente comme d'adorables bébés.

LES ANGES PASSENT

Ces questions vous aideront à voir les gens sous un jour nouveau :

- ✡ *Comment imaginez-vous un ange ?*
- ✡ *Remarquez-vous les gens qui croisent votre chemin dans la vie quotidienne ?*
- ✡ *Avez-vous jamais rencontré un étranger qui semblait sortir de l'ordinaire ?*

ORIGINE ET HIÉRARCHIE

Les anges sont rarement identifiés dans les écrits bibliques ultérieurs, sauf dans les livres d'Ézéchiel, de Zacharie et de Daniel où ils sont particulièrement abondants. Les premiers kabbalistes ont développé le concept des anges bibliques ; le *Zohar* et le *Sefer Yeztsirah* les relient aux quatre éléments ainsi qu'aux sefirot et leur donnent une hiérarchie.

Dans la Kabbale, la population angélique est presque infinie. Le *Zohar* (II, 42b) décrit « comment Dieu créa des êtres pour servir les vases sacrés : un trône soutenu par quatre colonnes avec six marches conduisant au trône ; en tout dix… Dieu prépara les hiérarchies angéliques pour que le trône Le serve. » Dans la littérature des *Heykhalot* (Palais divins) datant du Ier siècle apr. J.-C., un ange est affecté à chacune des sept salles célestes des palais de l'Éden où vont les âmes après la mort. Les kabbalistes développèrent de nombreuses pratiques pour monter jusqu'à ces salles sacrées.

Le *Sefer Yetsirah* affirme que les anges ont été créés à partir du feu dans la sefirah de Binah (l'Intelligence) et dans le monde de Beriah (la Création). Les séraphins sont les anges de la première hiérarchie qui entouraient le Trône de la Gloire.

◂ Gloire et lumière
L'archange le plus élevé, Métatron, Prince de la Présence, protège le trône divin. Le feu qui entoure l'ange représente l'esprit.

◂ Le voyage des anges
Jacob rêva d'une échelle permettant aux anges de voyager entre le ciel et la Terre.

Le mot séraphin vient du mot hébreu *saraph* qui signifie *brûler*; ainsi, il est aisé de comprendre pourquoi ils ont été associés à la lumière.

Les anges chayyot, ou « créatures vivantes », habitent Yetsirah (la Formation) et les six sefirot au-dessous de Binah. Ce sont les anges vus par Ezéchiel dans sa vision de la Merkabah, ou du Char (Ézéchiel I) : cette histoire est devenue une source clé d'interprétation mystique. Dans la sefirah de Malkhut (la Royauté) vivent les ophanim, les anges semblables à des roues du monde d'Assiyah (l'Action), qui apparaissent aux êtres humains.

Jacob : incarnation de Tiferet

Les deux grands récits angéliques de la Bible sont le songe de Jacob (Genèse 28, 10-22) et sa lutte avec l'ange (Genèse 32, 2-33). Dans le premier, Jacob rêve d'une échelle reliant la Terre et le ciel avec des anges qui la montent et la descendent. Ce songe a servi à expliquer le voyage angélique entre les mondes de Beriah (la Création) et Yetsirah (la Formation) et le monde terrestre de Malkhut (la Royauté). Ce rêve est devenu une expression du lien cosmique entre le ciel et la Terre ainsi que du potentiel pour une ascension humaine.

Des années plus tard, Jacob rencontra un ange près d'une rivière alors qu'il allait rendre visite à son frère Esaü pour se réconcilier avec lui. Ils luttèrent jusqu'à l'aube et Jacob sortit victorieux. L'ange le rebaptisa Israël, celui qui lutte avec Dieu, en mémoire de cette expérience qui le transforma. Ce combat devint le symbole des tensions entre les forces de la lumière et celles de l'obscurité, et le fleuve, comme plus tard dans les mythologies grecque et romaine, symbolisa le défi de surmonter les obstacles ; Jacob allait devenir le père des Israélites.

Jacob est aussi le symbole de Tiferet (la Beauté), car il contrebalance les sefirot opposées, Gevurah (la Justice) et Chesed (la Miséricorde).

Qui sont les Anges ?

Les anges sont des individus dont chacun est investi d'une tâche spécifique et apte à œuvrer seulement dans la sphère qui lui est allouée. Ils sont envoyés quotidiennement dans la sefirah de Malkhut (la Royauté) pour servir le corps ou l'âme humaine. Certains sont des anges ministres qui se déplacent sur le pilier droit de la miséricorde ; d'autres sont des anges corrupteurs, qui se déplacent sur le pilier droit de la rigueur et de la justice de l'Arbre de vie. Certains de ces anges exercent le châtiment divin sur Terre.

▼ La protection des anges
Sur cette illustration du XVIIe siècle due à Robert Fludd, les quatre archanges pointent des épées vers les puissances démoniaques vectrices de maladie. Au-dessus d'eux se trouve l'esprit de YHVH qui écoute les prières de l'humanité.

Dans la Kabbale, la plupart des anges ont à voir avec la justice : ils sont de taille variable et pourvus d'ailes. On dit, par exemple, que Sandalphon est plus grand que ses compagnons de la longueur d'une journée de cinq cents ans. Bien que les praticiens de la Kabbale aient essayé d'utiliser des noms angéliques pour renverser leur destinée, les théoriciens, eux, pensaient que l'humanité, apogée de la création divine, appartenait à un rang supérieur à celui des anges.

Changement de noms

Dans l'Ancien Testament, les noms d'anges sont légion. Dans la Genèse 18, ils sont les *hommes* qui rendent visite à Sarah et Abraham ; dans la Genèse 19, ils sont les *messagers* qui sauvent Lot et dans la Genèse 21, ils sont *elohim* (les êtres de Dieu), qui sauvent Hagar et Ismaël. Plus influents encore, ils sont *malakh YHVH*, ou *messagers de Dieu* dans la Genèse 22, quand Isaac est sauvé du sacrifice. Dans le Nouveau Testament, un ange annonce la naissance de Jésus (Luc, 2, 10-11).

La place des anges sur l'Arbre de v

◄ LES ANGES DE BLAKE
Cette illustration de William Blake représente les anges divins flottant dans l'eau et les anges de l'enfer encerclés par le feu de la colère.

PARALLÈLES SPIRITUELS

Dans le Coran, ce sont huit anges au lieu de quatre qui soutiennent le Trône d'Allah. Parmi eux se trouvent Gabriel (Jibril), le chef, Michel, Israfil et Azrael.

LES ARCHANGES

MÉTATRON garde le Trône de la Gloire et se situe entre Atsilut (la Proximité) et Beriah (la Création). Il a pour mission d'enregistrer les bonnes actions et de servir la *merkabah* divine (Char) : on dit qu'une fois sa chair transformée en torches, Énoch devint Métatron.

MICHEL (qui est comme Dieu) se situe à droite et gouverne le peuple d'Israël et de Tiferet. Michel est aussi le professeur de l'humanité ; c'est lui qui aurait appris à Adam à labourer le sol.

RAPHAËL (le salut de Dieu) se situe derrière et gouverne les esprits de l'humanité ainsi que Hod (la Réverbération). C'est lui qui transmet les prières de l'humanité à Dieu.

URIEL (la lumière de Dieu) se tient derrière le Trône et gouverne les lumières du monde ainsi que Sheol (les Enfers). Parfois, Uriel est dénommé Haniel ou Penuel (qui se tourne vers Dieu), situé au-dessus du repentir, de la grâce, de l'espoir de la vie éternelle et de Netzach.

GABRIEL (la force de Dieu) supervise le paradis et les anges inférieurs. Il gouverne Yesod et intercède aussi en faveur de l'humanité.

SUPPLÉMENT DANS LA LISTE DES ANGES

✡ Tzaphkiel (spectateur de Dieu), ange de Binah.

✡ Raziel (héraut de Dieu), ange de Chokhmah et garant de la sagesse secrète.

✡ Samaël, l'ange déchu. Connu comme l'empoisonneur de Dieu. Gouverne Gevurah.

✡ Tzadkiel (vertu de Dieu) et ange de Chesed.

✡ Sandalphon, l'ange de Malkhut, contrôle les anges dans le monde des hommes.

✡ Raguel, qui se venge du monde des lumières.

✡ Sariel, dont les tâches ne sont pas définies.

✡ Jeremiel, l'ange qui garde les âmes de l'enfer.

✡ Les erelim, serafim, chayyot, ophanim, hamashalim, elim, et elohim sont tous des êtres célestes ou malakhim.

✡ Les benei erelim sont les fils des êtres célestes.

✡ Les ishim sont des êtres semblables aux hommes.

▲ TZAPHKIEL
Tzaphkiel est le spectateur de Dieu ; il est associé à Binah. Cet ange est un sujet idéal de méditation, associé aux qualités de compréhension et d'intelligence.

INVOQUER LES ANGES PAR LA KABBALE

Alors que le Talmud considérait les anges comme les instruments de Dieu, les kabbalistes du Moyen Âge les considéraient comme les instruments de l'homme. Malgré l'interdiction de la magie, les kabbalistes de l'Allemagne médiévale invoquaient le nom des anges pour les rendre visibles et leur ordonner d'agir en émissaires.

La loi juive interdit expressément la magie, et le Talmud promet des avantages à quiconque s'abstient de pratiquer de telles activités :

> *Celui qui ne pratique pas la magie*
> *entre dans un paradis dont l'accès n'est pas même*
> *autorisé aux anges ministres.*
>
> TALMUD NEDARIM 32A

Les noms angéliques étaient considérés comme l'élément mystique le plus sacré. Le Livre de Raziel commence par des recommandations sur la manière d'invoquer les anges selon le jour, le mois et l'heure. Éliézer de Worms écrivit dans le *Livre des anges* que le monde entier était rempli d'anges et de démons, avec des anges gardiens protégeant chaque lieu et chaque individu. Chacun avait son « ange du destin » qui provoquait tout le bien et le mal de sa vie.

Une fois l'influence de la Kabbale étendue à l'Europe centrale et orientale, l'obsession des anges sembla dominer la vie quotidienne. Les amulettes et les porte-bonheur étaient fabriqués en hommage à un ange gardien particulier. Aujourd'hui encore, dans les communautés ultra-orthodoxes, on voit des personnes porter ou exposer des amulettes en guise de protection.

LA COUR DIVINE

Outre leurs tâches consistant à louer Dieu et à protéger les personnes vertueuses, les anges font également parti du système de justice divin. Ils participent au conseil qui juge les hommes pour décider de leur culpabilité ou de leur innocence. Si 999 anges votent pour la condamnation d'un homme et un seul pour l'acquittement, Dieu prend parti pour l'accusé. De même, les anges peuvent intercéder auprès de Dieu en faveur de quelqu'un. Plus encore, ils peuvent se présenter comme avocats de la partie adverse des anges maléfiques qui souhaitent engager des poursuites en cour divine.

LES ANGES DÉCHUS ET LE MAL

L'histoire des anges déchus a été évoquée pour la première fois dans le Livre d'Énoch. Quelque deux cents fils du ciel, parmi les anges gardiens, convoitaient des femmes et descendirent sur Terre

▲ LA LUMIÈRE DE DIEU
Haniel, parfois appelé Uriel, la lumière de Dieu, est également associé à la grâce. Sur cette gravure chrétienne, l'ange plane au-dessus du trône, offrant la grâce divine et l'espoir de vie éternelle.

RECONNAÎTRE LE MAL

Pensez à ce qui vous motive parfois et répondez à ces questions :

- ✡ *Avez-vous déjà été tenté de résoudre vos dilemmes par la magie ?*
- ✡ *Pensez aux occasions où vous avez fait mauvais usage de votre volonté. Comment pouvez-vous être guidé par la présence des anges ?*
- ✡ *Si vous acceptez que le mal fasse partie de vous-même et du monde, que pouvez-vous faire pour diminuer son influence dans votre vie quotidienne ?*

◂ Salut angélique
Raphaël porte l'énergie du salut. Même s'il n'est pas en contact direct avec la réalité, il transmet les prières du peuple à Dieu et sauve ainsi les esprits. Vous pouvez essayer de faire exercer ce pouvoir sur votre vie en contemplant l'image d'un ange.

pour satisfaire leur désir. De ces unions naquit une génération de géants. Une partie de cette curieuse histoire est évoquée dans la Genèse 6, 1-4, où les nefilim, ou déchus, sont décrits comme des héros et des hommes de renom.

Dans la littérature apocalyptique, chaque ange déchu a enseigné à l'humanité un certain type de mal, ainsi que l'usage des armes. Dès le Moyen Âge, divers récits expliquaient déjà la Chute et la présence du mal. Satan, à l'origine dénommé Lucifer – c'était l'un des anges les plus proches de Dieu – refusa de se soumettre à Adam et se rebella par fierté. Il fut déposé et devint l'esprit du mal.

La Kabbale reconnaît le pouvoir envahissant du mal, mais le voit comme quelque chose venant de Dieu, car il faisait partie de la création divine. Le mal peut être contrebalancé par la force de Chesed (la Miséricorde), et la force des ténèbres par la torche de la lumière divine.

Parallèles spirituels

Les esprits du bien ou immortels bienveillants de la Perse antique – Vohu-Mano (Bien), Asha-Vahishta (Vertu suprême), Khshathra-Vairya (Gouvernement idéal), Spenta-Aramaiti (Piété bienveillante), Haurvatat (Perfection) et Ameretat (Immortalité) – peuvent être comparés aux archanges bibliques.

Dans les religions africaines, les fétiches remplacent les anges, bien que le Dieu suprême soit souvent entouré des âmes des ancêtres.

Des esprits analogues à ceux de la Kabbale apparaissent dans L'Évangile de Matthieu 28, 2-7 et dans les actes XII, 15.

◂ Tradition persane
Cette image persane du monde des anges présente des parallèles avec l'histoire du Char d'Ézéchiel. Les flammes encerclent le cheval-dieu, les anges ministres offrent des cadeaux et les archanges entourent le trône.

LES ANGES *dans* VOTRE VIE

Le Talmud (Niddah 30b) dit que chaque individu, en tant que pur esprit, sait tout avant de naître ; toutefois, à la naissance, dès qu'il voit la lumière du jour, un ange le frappe au-dessus de la lèvre et il oublie tout. Ainsi, il passe le reste de sa vie à essayer de se rappeler ce qu'il savait jadis.

Les anges ne sont pas une création théorique de la Kabbale. Ils sont réels et font partie de la vie terrestre. Vous pouvez rencontrer un ange à n'importe quel moment, sous les traits d'un homme ou sous toute autre forme. Que faire pour se préparer à une telle rencontre ?

La tradition juive recommande à l'heure du coucher une prière accompagnant la récitation du Shema Israël, la profession de foi juive (qui a lieu chaque soir). Après avoir béni l'esprit divin et s'être remis à la protection de Dieu pour le sommeil nocturne, on récite les lignes suivantes afin d'invoquer la force des anges :

Puisse Michel, le protecteur de Dieu, être à ma droite
et Gabriel, le pouvoir de Dieu, à ma gauche ;
devant moi, Uriel, la lumière de Dieu ; et derrière moi,
Raphaël, le salut de Dieu. Et au-dessus de ma tête,
la présence de Dieu, la Shekinah.

PRIÈRE

▸ UN ANGE PRÈS DE VOUS
Parfois, les anges apparaissent aux moments les plus sombres de la vie, et il est facile de rejeter l'aide qu'ils proposent. Cependant, si vous le lui permettez, un ange peut vous aider à transformer votre vie. Essayez d'imaginer que vous avez un ange gardien. À quoi peut-il/elle ressembler ? À quel moment de votre vie pourriez-vous solliciter l'aide d'un ange ? Cette image angélique moderne est tirée d'un film à succès, La Cité des anges, *avec Nicholas Cage.*

▸ NOUVELLE SIGNIFICATION
Sur cette illustration chrétienne du songe de Jacob, la fontaine de l'église est placée à la confluence des rivières. Les anges qui descendent et montent l'échelle transportent divers aspects de l'énergie divine représentée par du feu et des nuages au sommet de l'échelle. Les pommes et les grenades évoquent à la fois l'Éden du passé et la splendeur de Hod.

PRÉPAREZ-VOUS À LA RENCONTRE

Pensez aux qualités angéliques qui vous entourent : la force, la protection, la lumière, la grâce et le salut. En parallèle, on trouve les énergies angéliques de la contemplation, du bien et du mal. Chaque matin, quand vous vous préparez à saluer le monde, vous pouvez également vous préparer à rencontrer un ange. Remerciez d'être sorti indemne du sommeil et faites signe aux anges qui vous protègent.

On ne sait jamais à quoi ressemble un ange, alors préparez-vous à recevoir une aide angélique. Vous souhaiterez peut-être vous imaginer des êtres angéliques ou répéter une phrase qui vous rappelle leur présence et leurs intentions bienveillantes. Envisagez la possibilité qu'un inconnu soit un ange venu vous offrir son aide. Ne jugez pas les gens trop rapidement et écoutez les inconnus d'une oreille nouvelle.

CHAPITRE CINQ

MODÈLES ET SIGNIFICATIONS

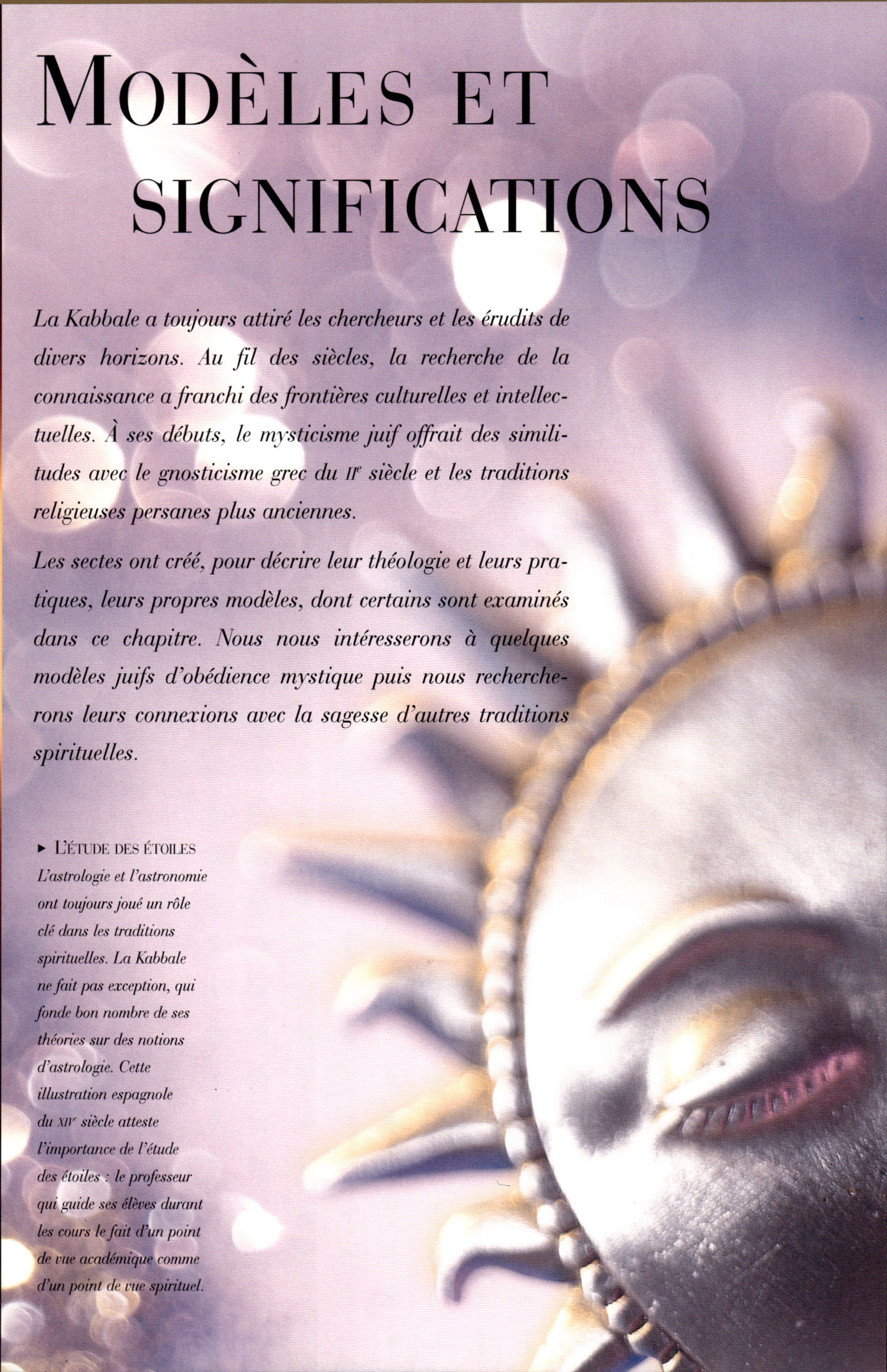

La Kabbale a toujours attiré les chercheurs et les érudits de divers horizons. Au fil des siècles, la recherche de la connaissance a franchi des frontières culturelles et intellectuelles. À ses débuts, le mysticisme juif offrait des similitudes avec le gnosticisme grec du IIe siècle et les traditions religieuses persanes plus anciennes.

Les sectes ont créé, pour décrire leur théologie et leurs pratiques, leurs propres modèles, dont certains sont examinés dans ce chapitre. Nous nous intéresserons à quelques modèles juifs d'obédience mystique puis nous rechercherons leurs connexions avec la sagesse d'autres traditions spirituelles.

▸ L'ÉTUDE DES ÉTOILES *L'astrologie et l'astronomie ont toujours joué un rôle clé dans les traditions spirituelles. La Kabbale ne fait pas exception, qui fonde bon nombre de ses théories sur des notions d'astrologie. Cette illustration espagnole du XIIe siècle atteste l'importance de l'étude des étoiles : le professeur qui guide ses élèves durant les cours le fait d'un point de vue académique comme d'un point de vue spirituel.*

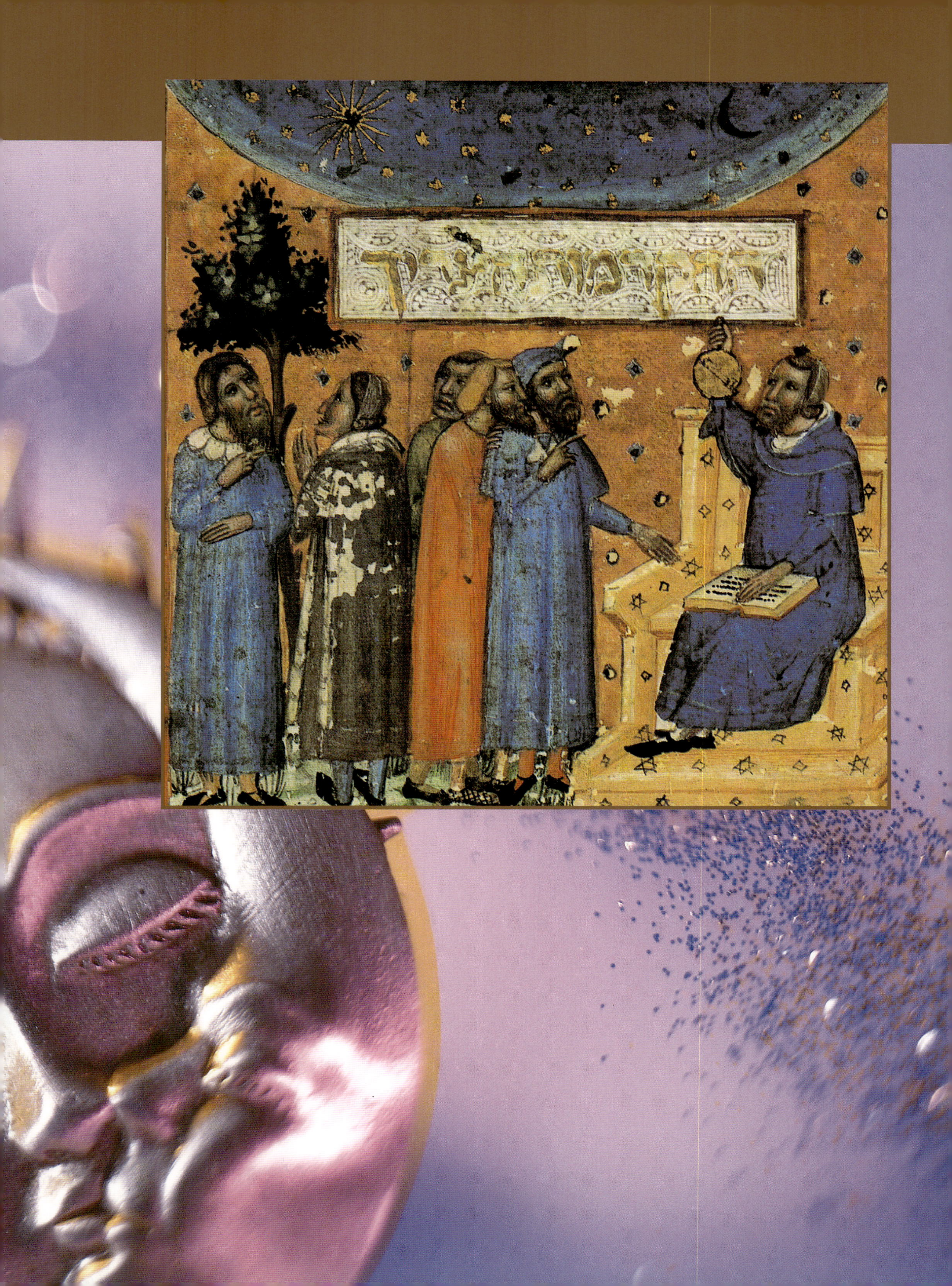

Le mysticisme interculturel

Dès les débuts de l'histoire écrite, l'humanité a tenté de comprendre la relation entre l'immensité du cosmos, la création et la vie sur Terre. De nombreuses traditions ont embrassé le mysticisme pour répondre aux questions cosmiques. La Kabbale est une des voies conduisant à la vérité. L'Arbre de vie, image kabbalistique prépondérante, apparaît sous diverses formes dans les cultures du monde entier.

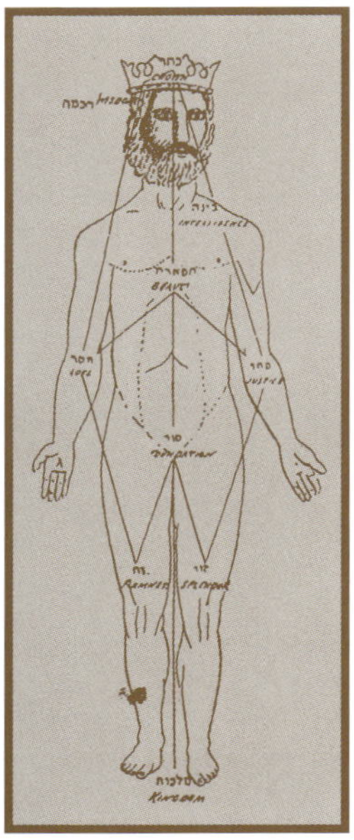

▲ Essence humaine *L'homme primordial est vu ici comme une représentation de la volonté divine. Les sefirot sont superposées au corps d'une manière telle que l'Arbre de vie soit en rapport avec notre propre forme physique.*

Le mystère du Char

La Kabbale est née et s'est développée au sein de la tradition juive, avec les enseignements de la Torah, les écrits prophétiques de la Bible et des Apocryphes, et ces trois ouvrages – le *Sefer Yetsirah*, le *Sefer ha-Bahir* et le *Zohar* – comme noyau central. Ainsi, les modèles kabbalistiques sont uniquement juifs. Cependant, aucune sagesse n'existe dans le vide. À chaque siècle, des cultures se sont rencontrées et des idées exotiques se sont mêlées à des modes de pensée familiers.

Pour les mystiques juifs des Ier et IIe siècles apr. J.-C., la littérature ésotérique apocalyptique était une source de connaissance et de pratique mystiques. Le Livre d'Énoch et la vision du Char divin (Merkabah) ont stimulé le développement du mysticisme de la Merkabah.

Les mondes supérieur et inférieur

Le concept de mouvement du monde inférieur au monde supérieur est devenu l'objectif principal des mystiques qui ont créé les méditations et autres rituels pour faciliter leur propre ascension spirituelle. Une grande variété de récits scripturaires ont alimenté ces pratiques :

Énoch a eu la vision d'un « fils d'homme » intronisé. À sa mort, Énoch fut transfiguré et monta jusqu'à l'endroit du Trône où, d'après certains, il devint Métatron, le scribe de Dieu.

Élie, le prophète, qui vécut au IXe siècle av. J.-C., aurait attiré le feu de Dieu pour enflammer son sacrifice et vaincre ainsi les 450 prophètes de Baal. En récompense, il fut hissé jusqu'au ciel sur un tourbillon de vent dans un chariot de feu tiré par des chevaux de feu. Le char ardent est le véhicule de la transfiguration ; c'est également une émanation de la lumière divine.

Ézéchiel, qui fut prophète durant l'exil babylonien quelque trois cents ans plus tard, eut une vision du Char (Merkabah) composé de quatre niveaux : les roues, les créatures vivantes, le firmament et le Trône divin. Les mystères du Trône et la voie d'accès à l'union avec la lumière divine devinrent la préoccupation principale de la mystique de la Merkabah.

Les mystiques de la Merkabah ont essayé d'entrer en relation avec le Dieu transcendant et tout-puissant du monde supérieur. La littérature des Heykhalot (Palais divins) établit un monde qui s'étend aux sept palais dans le plus élevé des sept

◄ La vision d'Ézéchiel
Avant la Kabbale, la mystique juive était dénommée l'œuvre du Char. Le titre était inspiré de la vision d'Ézéchiel, dont l'histoire était le centre d'intérêt des premiers mystiques. Sur cette image, les quatre éléments représentent les quatre mondes.

cieux. Une foule d'anges peuplait ces palais et des rivières de feu se déversaient du Char.

Les mystiques essayèrent d'atteindre le Trône en traversant ce monde pour connaître « celui qui siégeait sur le Trône ». De cette vision naquit l'expression « être au septième ciel » qui signifie être en extase.

Le gnosticisme

Le gnosticisme, ensemble de doctrines chrétiennes datant du IIe siècle apr. J.-C., offrait de nombreuses similitudes avec le premier mysticisme juif. Le gnosticisme prétendait que la libération de l'âme se ferait uniquement grâce à la connaissance. Les gnostiques développèrent le concept selon lequel l'âme, ou la graine divine de Dieu, était emprisonnée dans le corps, matériau maléfique. Agapê, l'amour mystique, était la voie de la connaissance de Dieu et le moyen de libérer l'âme de l'emprise du matériau maléfique.

Notez les parallèles avec la notion kabbalistique des inclinations au bien ou au mal – *yetzer ha'tov* et *yetzer ha'ra*. Au tout début du christianisme, ces idées ont évolué d'une secte à l'autre et les pratiques mystiques ont adopté des enseignements de traditions variées.

Parallèles spirituels

Les rosicruciens du XVIIe siècle croyaient en une ascension à travers douze dimensions, ou degrés de connaissance approfondie, pour atteindre la conscience cosmique. On parvenait à la perfection par la réincarnation.

La numérologie sacrée

▸ Le boulier
Datant de l'Antiquité, le boulier était l'outil traditionnel de calcul des pays d'Orient et du Moyen-Orient. Il joua un rôle dans la pratique de la numérologie : l'addition était un rituel de base pour le calcul des nombres sacrés.

Dans les premiers siècles de l'ère chrétienne, la théologie juive était florissante. L'apparition du Sefer Yetsirah *suscita une nouvelle approche du mysticisme. Le concept des sefirot et des trente-deux voies vers la sagesse basées sur l'alphabet hébraïque a engendré une importante créativité fondée sur les lettres et les nombres.*

L'émergence de la gematria

Les pratiques mystiques servaient à expérimenter le pouvoir des voies. Elles étaient basées sur la manipulation des lettres, qui faisaient l'objet de psalmodies et de répétitions. Les mystiques du VIIe au XIe siècle produisirent une riche littérature apocalyptique. L'angéologie et la démonologie se développèrent et les incantations magiques devinrent plus populaires.

Un nouveau courant apparu entre les VIIIe et XIe siècles de l'ère chrétienne exerça une influence énorme sur la Kabbale. Il s'agit de la gematria, un moyen d'expliquer, par les nombres, les relations entre les noms divins et les versets de la Bible. La numérologie sacrée n'était pas une forme de divination, car son objectif n'était pas de prédire l'avenir. Les kabbalistes, en particulier l'école allemande du XIIIe siècle sous la direction d'Éliézer de Worms, tentèrent de découvrir les significations cachées de la Bible.

▾ Roue de lettres
Ce schéma montre les lettres hébraïques disposées selon un motif circulaire pour aider à la contemplation spirituelle. Elle est extraite d'une édition polonaise, datant de 1592, de l'ouvrage kabbalistique majeur, Verger de grenades, *de Moïse Cordovero.*

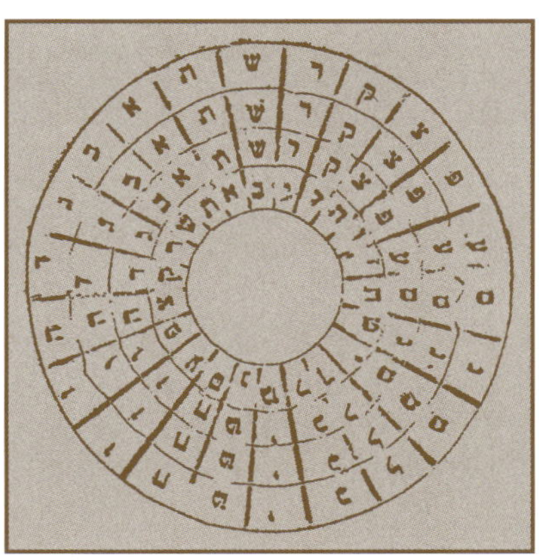

La révélation des secrets

Les lettres de l'alphabet hébraïque ont reçu des valeurs numériques en fonction de leur ordre. En outre, chaque lettre a une représentation picturale à signification profonde. Par exemple, *alef*, la première lettre, équivaut à 1 et représente un bœuf ainsi qu'une énergie agressive et expansive. *Bet (vet)*, la seconde lettre, équivaut à 2 et représente une maison ainsi que des qualités passives. Bien que les différents kabbalistes aient établi leurs propres systèmes pour utiliser les lettres et leurs valeurs numériques, l'intention resta identique : dévoiler la signification secrète codée dans la Bible.

Aboulafia : un maître kabbaliste

Abraham Aboulafia naquit en Espagne en 1240 – ce qui correspond à l'an 5000 du calendrier hébraïque, un nouveau millénaire qui s'annonçait comme prometteur et décisif. Il se considérait comme prophète éclairé ; durant sa vie et après sa mort, il suscita approbation et critiques

Son approche de la méditation se réalisait par la permutation des lettres du grand nom ou nom divin, comprenant des mouvements corporels ressemblant au yoga. Ses pratiques sont décrites dans son ouvrage *La Vie du monde futur*. Cette méthode

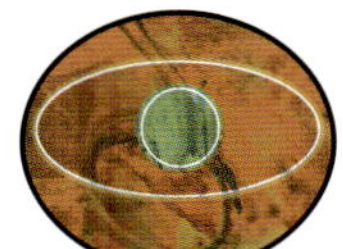

Signification *de la* numérologie

Ces questions peuvent vous aider à élargir vos perceptions :

- ✡ *Certains nombres sont-ils récurrents dans votre vie ?*
- ✡ *Pouvez-vous trouver le temps de chercher des connexions entre des choses de votre vie n'ayant apparemment aucun rapport entre elles ?*

Les 22 lettres hébraïques et leur signification

lettre hébraïque	*nom*	*valeur numérique*	*prononciation*	*signification*	*classification*
א	*alef*	*1*	*a soufflé doucement*	*bœuf*	*mère*
בּ, ב	*bet (vet)*	*2*	*b (v)*	*maison*	*double*
ג	*gimel*	*3*	*g*	*chameau*	*double*
ד	*dalet*	*4*	*d*	*porte*	*double*
ה	*hay*	*5*	*h*	*fenêtre*	*simple*
ו	*vav*	*6*	*v*	*crochet*	*simple*
ז	*zayin*	*7*	*z*	*arme*	*simple*
ח	*chet*	*8*	*k*	*clôture*	*simple*
ט	*tet*	*9*	*t*	*serpent*	*simple*
י	*yod*	*10*	*y*	*main*	*simple*
כ, ך	*khaf, khaf final*	*20*	*kh*	*paume*	*double*
ל	*lamed*	*30*	*l*	*pique-bœuf*	*simple*
מ, ם	*mem, mem final*	*40*	*m*	*eau*	*mère*
נ, ן	*nun, nun final*	*50*	*n*	*poisson*	*simple*
ס	*samech*	*60*	*s*	*tuteur*	*simple*
ע	*ayin*	*70*	*muet ou a*	*œil*	*simple*
פּ, פ, ף	*pay (fay, fay final)*	*80*	*p (f, f)*	*bouche*	*double*
צ, ץ	*tzadi, tzadi final*	*90*	*ts*	*hameçon*	*simple*
ק	*koof*	*100*	*k*	*arrière de la tête*	*simple*
ר	*resh*	*200*	*r*	*tête*	*double*
שׁ, שׂ	*shin (sin)*	*300*	*ch (s)*	*dent*	*mère*
ת	*tav*	*400*	*t*	*croix*	*double*

utilise soixante-douze combinaisons du nom divin basées sur trois vers de l'Exode. Selon Aboulafia, le nom doit être écrit et psalmodié comme suit :

Préparez-vous, unifiez votre cœur et purifiez votre corps. Choisissez-vous un endroit spécial, où votre voix ne sera entendue par personne d'autre. Méditez seul, avec personne d'autre… Ne révélez vos secrets à personne… À la suite de ces permutations, votre cœur se réchauffera intensément. Vous acquerrez de nouvelles connaissances que vous n'aurez jamais obtenues des traditions humaines ou de l'analyse intellectuelle. Lorsque vous faites l'expérience de cela, vous êtes prêt à recevoir l'influx.

MÉDITATION ET KABBALE
KAPLAN

Parallèles spirituels

Pythagore, le créateur de la numérologie en Grèce, croyait que l'univers entier pouvait s'exprimer en nombres. Le nombre 888, équivalent au nom de Jésus en grec, représentait l'esprit supérieur, tandis que 666 représentait l'esprit mortel. Pour les Grecs, 10 était un nombre parfait, égalant la perfection des dix sefirot.

La numérologie sacrée intègre une fascination pour la géométrie sacrée. Les pyramides et les tombeaux égyptiens sont des représentations de relations numériques jugées sacrées.

Le pouvoir mystique des nombres

La tradition juive interdit l'usage de la magie, de la divination ou de l'occultisme pour connaître l'avenir. Néanmoins, beaucoup de pratiques kabbalistiques ont surgi en réponse à ce désir naturel d'être rassuré, qui utilisent amulettes, lettres, dessins mystiques et incantations demandant accompagnement et protection.

Le pouvoir du nombre dix

Il est aisé de voir comment les Dix Commandements ont été associés aux dix sefirot. Dix est un nombre parfait, car lorsqu'on ajoute ses deux chiffres, le résultat est égal à 1, représentant le Dieu unique. Le *Sefer Yetsirah* énonce l'importance du nombre dix dès le premier chapitre :

Dix sefirot de Néant
dans le nombre de dix doigts : cinq en face de cinq
avec une alliance singulière précisément au milieu
dans la circoncision de la langue
et la circoncision de l'organe sexuel.

SEFER YETSIRAH 1, 3

Il est possible de méditer sur les dix doigts, les dix orteils, la langue et le pénis. En les ajoutant, on obtient 22, comme les vingt-deux lettres de l'alphabet hébraïque et les vingt-deux voies. En outre, les dix orteils représentent les dix sefirot et peuvent servir de thème à une méditation qui concentre son énergie spirituelle sur l'organe sexuel.

▼ Les nombres grecs
Le « chi » (x) de Pythagore est une forme parallèle de géométrie sacrée puisqu'il représente l'âme cosmique. Toute la création se déploie à partir du point central zéro sous forme de relations entre les fractions et les multiples. La forme s'élève à partir de un en carrés parfaits.

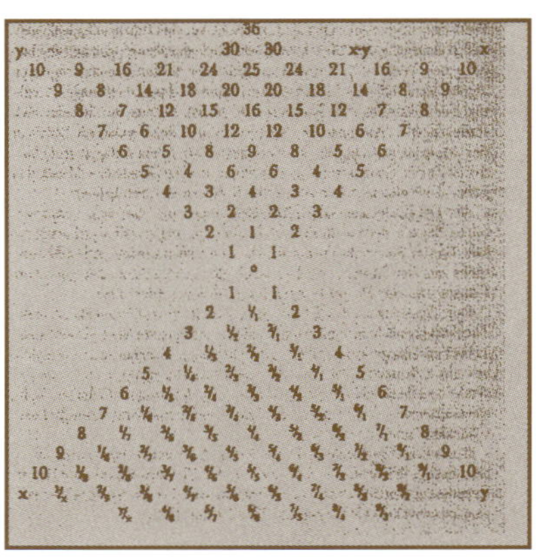

Le nom divin YHVH

Étudiez la valeur numérique du mot hébreu désignant le nom divin YHVH :
la lettre *yod* a une valeur de dix
la lettre *hay* a une valeur de cinq
la lettre *vav* a une valeur de six
la lettre *hay* a une valeur de cinq.
Ainsi, YHVH a une valeur totale de 26. En utilisant l'approche de la géométrie sacrée, 26 est considéré comme une moyenne sacrée entre 13 et 52. Le nombre 13 se rapporte aux treize mois lunaires et le nombre 52 aux semaines solaires de l'année. Ainsi, YHVH est au centre de l'année ; il est aussi l'essence du Soleil et de la Lune qui éclairent notre monde. YHVH est la source de toute la lumière.

Le pouvoir de l'amour

Deux mots importants sont reliés au nom divin du Tétragramme par le biais des merveilles de la gematria. Ce sont les mots *amour*, *ahavah* en hébreu, qui a une valeur de 13, et *un*, ou *echad*, qui a aussi une valeur de 13. Ainsi, *amour* et *un* sont égaux et leur somme est égale à 26, l'équivalent numérique de YHVH. On en déduit donc que

La gematria d'Aboulafia

- *Ces exemples vous donneront une idée de la dimension de la gematria d'Aboulafia. Elle dépend d'un cœur pur et de la connaissance des Écritures, sans quoi elle pourrait être utilisée à des fins de manipulation et de distorsion.*
- *Les lettres hébraïques pour le mot* Shaddaï, *signifiant Dieu de Puissance, sont égales à 314. Cette valeur est équivalente à celle du mot hébreu* Métatron, *l'ange du Trône.*
- *Gabriel est l'archange qui enseigne le mystère de Dieu. Son nom en hébreu est égal à 246 ; il est relié au verset 12,6 « Je me ferai connaître de lui dans une vision… » Le mot hébreu pour vision,* mareh, *est lui aussi égal à 246.*
- *En s'inspirant du* Sefer Yetsirah, *Aboulafia donna une signification numérique à chaque ligne de la citation suivante :*

« Le mystère des douze souffles	*= 818*
les 72 noms divins	*= 818*
le mystère de toutes les lettres	*= 828*
dépend des vingt-deux souffles	*= 828*
qui sont sous la gloire. »	*= 828*

Dieu est unique et que Dieu est amour. L'amour devient un des chemins menant à *yichud* – unité avec les quatre mondes et Dieu. On peut le voir en ajoutant les chiffres de 13, 1+3 = 4.

▲ Les dix doigts
Le pouvoir du nombre dix se manifeste dans nos dix doigts et nos dix orteils. Prenez le temps de contempler vos propres doigts lorsque vous étudiez le pouvoir des dix sefirot.

La vérité

On trouve un autre exemple de gematria dans les mots *charbon*, ou *gachelet*, qui a une valeur de 441, et *vérité*, ou *emet*, qui a aussi une valeur de 441. L'interprétation de cette correspondance est que la vérité est censée brûler comme du charbon enflammé et unir tous les contraires. De plus, *emet* est composé des première et dernière lettres de l'alphabet hébraïque ainsi que de la lettre du milieu, et comprend donc le début et la fin de toute chose.

Le mot *emet* devint un centre d'intérêt pour les kabbalistes de l'Europe orientale, qui manipulèrent ses lettres pour composer le Golem, un être légendaire à forme humaine capable de réaliser la volonté de son créateur. Le mot *emet* était gravé sur son front ; on le détruisait en enlevant *alef*, le souffle créatif, pour laisser *met*, la mort.

La Torah

La Torah contient 613 commandements dont 365 sont des interdictions négatives et 248 des interdictions positives. Elles sont censées correspondre aux jours de l'année et au nombre d'os du corps (bien que ceux-ci soient en réalité au nombre de 206). La gematria du mot *Torah* est 611, presque équivalente au nombre de commandements. On peut en tirer la conclusion suivante : vivre sa vie selon la Torah conduit à l'essence de l'enseignement divin.

Parallèles spirituels

Dans le christianisme, la colombe est le symbole de l'esprit saint. Les lettres du mot grec signifiant « colombe », peristera, *s'ajoutent pour donner 801, comme la somme des première et dernière lettres de l'alphabet grec,* alpha *et* omega. *Dans le Livre de la Révélation, Jésus Christ dit « Je suis l'Alpha et l'Omega » (Révélation 1, 8 ; 21, 6 ; 22, 13).*

Les motifs géométriques des mandalas d'Extrême-Orient et les yantras figurent l'hexagramme, qui fait également partie des structures kabbalistiques. Les hexagrammes n'apparaissent pas dans la géométrie sacrée grecque ou égyptienne.

LA KABBALE *et le* SYSTÈME *des* CHAKRAS

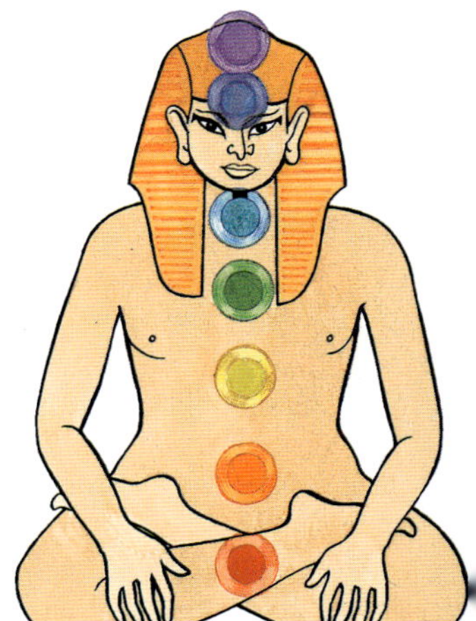

▸ POINTS PARALLÈLES
Les chakras et l'Arbre de vie sont deux systèmes divergents dont les structures offrent des parallèles étonnants. Tous deux reconnaissent l'existence de centres d'énergie qui ont un impact significatif sur la santé physique, émotionnelle et spirituelle.

Dans la plupart des traditions spirituelles, les modèles de réalité se développent conjointement à un système de croyance. Ces modèles représentent souvent le monde humain ainsi que l'univers métaphysique, et servent de guide pour la contemplation. Les kabbalistes ont fini par considérer l'Arbre de vie comme un modèle de l'univers qui représente aussi la vie et la structure des êtres humains.

PHYSIQUE ET MÉTAPHYSIQUE

L'Arbre de vie possède une application psychobiologique qui dresse la carte du corps humain en relation avec la santé et le bien-être physiques, émotionnels et spirituels. Les énergies vibratoires qui interagissent dans les mondes de Yetsirah (la Formation) et Assiyah (l'Action) peuvent également être représentées en termes de structure et de processus de l'esprit, des émotions et du corps.

Dans les traditions bouddhistes et hindouistes d'Extrême-Orient, le système des chakras est un modèle pour comprendre comment *ch'i*, la force vitale, circule dans le corps humain et dans l'univers. Les chakras, du mot sanskrit signifiant roue, se représentent par un vortex tourbillonnant, une roue à rayons ou une fleur de lotus ouverte qui reçoit, distribue et transforme l'énergie. Il y a sept chakras majeurs et une centaine de mineurs, qui existent dans, et influencent, le royaume des corps aérien, astral et mental ainsi que physique.

Le concept des chakras correspond à la vision kabbalistique des quatre mondes, avec l'Arbre de vie, visible et actif dans chacun d'eux. À l'image des sefirot qui forment un motif vertical, les chakras reposent à la verticale le long de la colonne vertébrale, de la base à la couronne et sont connectés entre eux et avec le reste du corps par des canaux d'énergie douce.

Comme les sefirot de l'Arbre de vie, le système des chakras est invisible à l'œil humain, bien que certaines personnes très sensibles prétendent être capables de voir ou de sentir l'énergie qui émane des chakras. Ce système est à l'origine de pratiques médicales parallèles telles que l'acupuncture, la réflexologie, le shiatsu et certaines formes de salut et de méditation.

POSITION ET ASSOCIATIONS DES CHAKRAS	SEFIROT CORRESPONDANTES
COURONNE	**COURONNE/KETER**
Au-dessus de la tête	*Sommet de la tête*
Clairvoyance et conscience cosmique	*Volonté divine*
Violet ou blanc	*Blanc/noir*
FRONT OU TROISIÈME ŒIL	**CHOKHMAH ET BINAH**
Entre les yeux	*Oreilles droite et gauche*
Intelligence, intuition et pouvoirs psychiques	*Sagesse et intelligence*
Jaune-rose et bleu-violet	*Bleu et vert*
Hypophyse et glande pinéale	*Conscience et sentiment*
GORGE	**DA'AT (NON-SEFIRAH)**
Gorge	*ne s'applique pas*
Créativité, expression, recherche de la vérité	*Connaissance venant de Dieu*
Bleu argent	*ne s'applique pas*
Thyroïde et parathyroïde	*Ego, pensée, action*
NE S'APPLIQUE PAS	**GEVURAH ET CHESED**
ne s'applique pas	*Épaules droite et gauche*
ne s'applique pas	*Force et miséricorde, création*
ne s'applique pas	*Rouge et blanc*
ne s'applique pas	*Processus métabolique*
CŒUR	**TIFERET**
Cœur	*Cœur*
Conscience supérieure, amour inconditionnel, immunité contre les maladies	*Beauté et conscience de soi*
Vert et doré	*Blanc*
Thymus et système immunitaire	*Système nerveux central*
PLEXUS SOLAIRE	**HOD ET NETZACH**
Au-dessus du nombril	*Jambes gauche et droite*
Émotions et sens de l'identité	*Flexibilité, détermination*
Jaune, vert, rouge clair	*Vert et rouge*
Glandes surrénales, pancréas, foie, estomac	*Cellules et organes*
HARA SACRÉ	**YESOD**
Au-dessus des organes génitaux	*Au-dessus des organes génitaux*
Sexualité et reproduction	*Perception du monde*
Rouge orangé	*Blanc*
Santé générale, foie, pancréas, rate, digestion	*Système nerveux autonome, aspiration spirituelle*
RACINE	**MALKHUT**
Base de la colonne vertébrale, en dessous des organes génitaux	*Entre les pieds*
Instinct de survie, nature animale, goût et odorat	*Perception*
Orange rougeâtre	*Blanc*
Autoconservation	*Squelette, peau, organes sensoriels*

LE SOUFISME et l'ENNÉAGONE

► LE SOUFISME
Georgei Gurdjieff créa le système de l'ennéagone pour expliquer la connexion entre l'univers et la psyché humaine. Son œuvre combine la sagesse soufie ancienne à une compréhension moderne des relations mathématiques à l'intérieur de la musique.

L'ennéagone est un modèle géométrique de l'univers. Il a été introduit en Occident au début du XXe siècle par Georgei Gurdjieff, un mystique russe qui émigra en France en 1922. Bien qu'une autre forme d'ennéagone ait été créée en 1665 par le jésuite Athanasius Kircher, sa source réside dans le soufisme.

LE SOUFISME ET L'ENNÉAGONE

Le système de l'ennéagone prend racine dans le soufisme, une branche mystique de l'islam qui est apparue au IXe siècle de l'ère chrétienne en réaction contre la théologie musulmane officielle. Ce terme, qui vient de *suf*, mot arabe signifiant « laine », symbolisait les vêtements ordinaires en laine portés par les soufis. Ceux-ci prônent l'ascétisme et l'amour mystiques pour parvenir à une union avec Allah. La connaissance divine s'acquiert par la lecture, l'étude, la prière et le *dhikr*, la répétition constante du nom de Dieu et de passages du Coran. La voie soufie est une occupation de toute une vie, car elle aide l'individu à se rappeler qu'il fait un avec Dieu. Les analogies avec la voie kabbalistique de la contemplation, de la dévotion et de l'action sont surprenantes.

OBSERVER L'ENNÉAGONE

Le mot ennéagone vient du grec et signifie « neuf points ». Il représente le cosmos et la psyché humaine, et combine deux lois anciennes qui dérivent de la géométrie sacrée de Pythagore (VIe siècle av. J.-C).
La loi de la Triade spécifie que trois forces régulent tout ce qui se passe dans le monde :
la force active, de préparation,
la force réceptive, de développement,
la force réconciliatrice, d'équilibre.

En termes philosophiques, elles peuvent être représentées par la thèse, l'antithèse et la synthèse. Pour qu'il y ait changement et développement, les deux forces opposées doivent être réconciliées par une troisième qui donne une intelligence et une énergie nouvelles pour une réalité nouvelle. Par un travail sur lui-même, tout individu peut partir de son corps inférieur charnel et monter jusqu'à son corps spirituel en passant par son corps sensible, et opérer ainsi une forme de transmutation alchimique.

La loi de l'octave exprime la vérité de la réalité musicale. Une corde vibrante, divisée en huit degrés par sept frettes le long de celle-ci, augmentera en ton d'un degré à l'autre selon un rapport mathématique précis. La simple unité de vibration d'une seule corde devient une série d'harmonies complexes et denses.

Selon Gurdjieff, chaque point de l'ennéagone est relié aux autres dans une séquence basée sur la décimale récurrente obtenue en divisant 1 par 7. La fraction $1/7 = 0{,}1428571428571$. Ainsi, la séquence de points est 1, 4, 2, 8, 5, 7. Les points 3 et 6, disait-il, étaient les points d'injection de l'énergie nouvelle nécessaire au bon fonctionnement du système. Gurdjieff enseignait que les gens traversaient les intervalles de développement au moyen de chocs administrés par « l'homme qui connaît ». Ces chocs sont la nouvelle énergie qui permet la venue du changement. Gurdjieff dénomma ce système la Quatrième Voie, la voie de l'homme envieux, pour la distinguer des trois voies traditionnelles menant à la prise de conscience

◄ DANSE DERVICHE
Les moines soufis, ou derviches, pratiquent des danses extatiques pour atteindre des niveaux supérieurs de conscience.

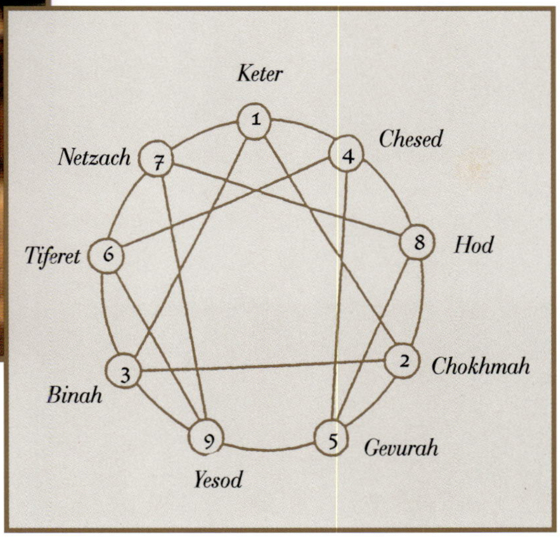

▲ LIENS DE L'ENNÉAGONE
L'arrangement ci-dessus montre le placement des sefirot sur l'ennéagone selon Gurdjieff. La dixième sefirah de Malkhut est le cercle qui relie tous les points entre eux.

spirituelle, les voies du fakir, du moine et du yogi. Il considérait sa voie comme supérieure, car l'individu n'avait pas à subir de souffrance physique, émotionnelle ou intellectuelle pour harmoniser ses voies.

LES LIENS AVEC L'ARBRE DE VIE

L'ennéagone et l'Arbre de vie possèdent tous deux le chiffre Un comme source divine – dans l'ennéagone, le Un essentiel, d'où résonnent les nombreux traits de la personnalité ; dans la Kabbale, le Dieu unique d'où émanent les attributs divins des sefirot. À l'image des dix sefirot qui représentent dix attributs ou qualités divins (voir Chapitre deux), l'ennéagone a été interprété pour représenter neuf paires de qualités manifestes dans le monde.

L'Arbre de vie sefirotique et l'ennéagone se fondent sur des systèmes à interaction dynamique interne. Les trois âmes de la Kabbale – *nefesh* (âme de l'être vivant), *ruach* (âme du milieu) et *neshama* (âme supérieure) – forment un parallèle avec les trois centres de l'intelligence de l'ennéagone – le ventre (survie physique), le cœur (noyau émotionnel) et la tête (centre mental).

DESTRUCTION ET RÉPARATION

La Kabbale identifie la destruction des vases sacrés comme la cause de la dispersion des étincelles divines à travers le monde. La tâche de la Kabbale consiste à réparer le monde (tikkun olam) par la réunification de toutes les étincelles dispersées (yichud). Dans le système de l'ennéagone, l'individu perd le concept d'Essence, ou d'Unicité, pendant l'enfance et fait une fixation sur des modèles particuliers qui brisent son intégrité spirituelle. La voie de l'ennéagone vers la réunification consiste à reconnaître nos modèles limitatifs et à abandonner nos fixations et nos passions pour leurs vertus correspondantes, à nous remettre en relation avec l'Essence sacrée pour trouver l'Unicité.

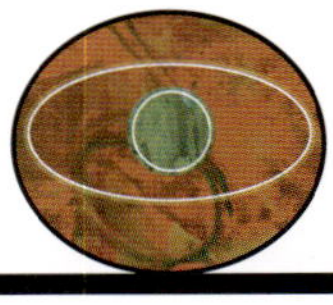

SORTIR DES LIMITES

Étudiez votre capacité au changement en vous posant ces questions :

- ✡ *Observez l'ennéagone et trouvez quels sont les points qui représentent le mieux vos fixations et vos passions.*
- ✡ *Que pouvez-vous faire pour vous libérer de ces limites et vous diriger vers les vertus correspondantes ?*
- ✡ *Quels sont les chocs, parmi ceux que vous avez vécus récemment, qui vous ont le plus aidé à évoluer ?*

L'ART *de l'* ALCHIMIE

L'alchimie est l'art de transmuer des métaux non précieux en or. Son nom vient de l'arabe al-kimiya *(art de la transmutation), et du grec* khemia *(fonte et altération des métaux). L'alchimie, précurseur de la chimie, possédait également une dimension spirituelle. Les origines de l'alchimie proviennent de diverses traditions : l'hermétisme, le gnosticisme, l'islam, le taoïsme, le yoga et la Kabbale.*

▲ LES SEPT PHASES
Cette illustration du XVIIe siècle montre les sept phases du travail de l'alchimiste. En partant de la gauche, en bas, le vieil homme (Saturne) est montré au début de son développement intérieur. En remontant, on voit les colombes tenir la couronne. Le processus se termine par la renaissance sous la forme d'un jeune homme.

L'ALCHIMIE EN EUROPE

Il est probable que l'alchimie provienne de la relation féconde existant entre la théologie grecque et la théologie égyptienne, à partir du IIe siècle av. J.-C. jusqu'au Ier siècle de l'ère chrétienne. Le principe fondamental énonçant qu'une force divine créa le monde à partir de la « matière première », une masse chaotique, vient d'Égypte. Le processus de *solva* et *coagula* (dissoudre et mélanger) peut réduire toute chose en matière première ou la transmuer en des substances plus nobles.

Dès le XIIe siècle, l'alchimie s'était propagée dans toute l'Europe pour devenir une véritable science. Elle connut son apogée entre les XIVe et XVIIe siècles ; elle se mêla souvent alors aux pratiques occultes et chrétiennes de la Kabbale, et s'attira les foudres de l'Église catholique.

Les principes de l'alchimie ont été exposés au XIVe siècle par Nicolas Flamel qui, croyait-on, avait réussi la transmutation du mercure en argent et en or, cette remarquable transformation ayant été opérée au moyen de la pierre philosophale (catalyseur, substance ou préparation chimique légendaire). Au XVIIe siècle, Jean Frédéric Helvétius, médecin du prince d'Orange, prétendit qu'on lui avait donné un morceau de la pierre philosophale et qu'il avait réussi à obtenir de l'or avec du plomb.

Outre l'or, les alchimistes cherchaient à créer l'élixir de vie, une potion offrant l'immortalité préparée en dissolvant un peu de pierre philosophale dans du vin. D'après le grand médecin suisse Paracelse, cet élixir « nettoyait le corps entier de ses impuretés en introduisant des forces nouvelles qu'il adjoignait à la nature de l'homme ».

LES PRINCIPES DE L'ALCHIMIE

Le concept qui sous-tend le processus de transmutation alchimique est le suivant : chaque chose est composée de trois substances : le soufre qui représente l'âme et le principe masculin ardent, le mercure qui représente l'esprit et le principe féminin aqueux et le sel qui représente le corps. En séparant ces substances de leurs composés et en les mélangeant à nouveau selon les signes astrologiques et les instructions sacrées, l'alchimiste pouvait pénétrer les mystères du monde spirituel.

L'ALCHIMIE EN INDE ET EN CHINE

L'alchimie indienne, remontant aux débuts de la médecine ayurvédique (antérieure donc au pre-

◄ L'ARBRE PHILOSOPHAL *L'ouvrage alchimique du* XVIIe *siècle, l'*Anatomie de Dieu, *présente l'Arbre de vie comme la base de la transformation alchimique. Les pouvoirs dissolvant et liant sont assis sur des branches opposées, avec Mercure en face du soufre, et le soufre solide, fils du soleil, triomphant au sommet de l'arbre avec les couronnes des royaumes animal, végétal et minéral.*

mier millénaire avant l'ère chrétienne), reposait sur une union des principes féminin et masculin (Shiva et Parvati) qui entraînait une prise de conscience. Par la pratique du yoga tantrique, on pensait qu'il était possible d'atteindre l'immortalité.

Le texte chinois classique sur l'alchimie, *Nei P'ien*, a été écrit en 320 apr. J.-C. par Ko Hung. Dans celui-ci, l'alchimiste cherche à développer des pouvoirs surnaturels lui permettant d'atteindre un état d'éternité et de demeurer parmi les Immortels. Les processus d'alchimie créaient des élixirs qui égalaient la force vitale intangible, *ch'i*.

L'ALCHIMIE ET LA KABBALE

La première alchimiste recensée fut Maria Hebraea (Marie l'Hébraïque) en Égypte hellénistique vers 300 apr. J.-C. Ses enseignements montrent des liens évidents avec les idées qui furent, ultérieurement, celles de la doctrine kabbalistique. Il existe une relation manifeste entre le mot hébreu désignant le ciel, *shamayin*, et les mots désignant le feu, *aish*, et l'eau, *mayim*. La réunion et l'équilibre d'éléments ou de forces opposés renvoient à l'équilibre entre les deux piliers de l'Arbre de vie et aux mouvements ascendants et descendants des anges et des kabbalistes. Dans l'alchimie comme dans la Kabbale, l'objectif premier est l'unification et la transformation.

PARALLÈLES SPIRITUELS

L'alchimie postule que toutes les choses sont composées de trois éléments : le soufre = l'âme = principe masculin ardent ; le mercure = l'esprit = principe féminin aqueux et le sel = le corps = la terre solide. Ils sont séparés et mélangés à nouveau pour créer la transmutation.

ALTÉREZ L'ESSENCE

Pensez à la possibilité de laisser s'épanouir votre potentiel inexploité :

- ✡ *En utilisant la métaphore de la pierre philosophale, quel est le catalyseur qui vous transformera afin d'atteindre des potentiels plus élevés ?*
- ✡ *Quels aspects de votre vie représentent le feu, l'eau, la terre et l'air ?*
- ✡ *Comment se mélangent-ils et quel est le résultat ?*

Le zen

Le zen est une forme de bouddhisme qui s'est développée selon différentes écoles. Le terme vient du chinois ch'an *et du sanskrit* dhyana, *signifiant respectivement la méditation et la conscience qui résulte de la méditation afin de se rendre compte de la « nature de Bouddha ». L'objectif du zen est d'atteindre la conscience sans le moi. La Kabbale cherche à atteindre la conscience en mêlant le moi au Divin.*

Principes du zen

Le zen n'est pas une religion et n'a pas de texte de référence ; il s'agit plutôt d'une pratique spirituelle quotidienne qui libère l'individu de l'illusion de la vérité comme citadelle et icône. Les deux principales écoles du zen sont le rinzai zen et le soto zen. Le rinzai zen doit son origine à l'expérience de Rinzai qui fut violemment battu lorsqu'il demanda à son maître de lui enseigner la vérité essentielle sur la nature de Bouddha. Le choc de cette expérience permit à Rinzai de réussir sa prise de conscience. Aujourd'hui, au moins en Occident, le rinzai zen est plus doux, mais il travaille toujours par le biais de l'expérience directe.

Le soto zen vient de Chine où il fut fondé par Tsao Shan et Tung Shan. Au Japon, il a été établi par Dogen en 1227 comme secte zen. Il existe maintenant plus de quinze mille temples soto zen. Le soto zen comprend essentiellement la pratique du *zazen*, ou méditation assise, qui consiste à franchir cinq étapes correspondant chacune à un degré d'intelligence et de conscience plus élevé. La métaphore pour ce processus est la relation entre l'hôte et son invité, ou entre le prince et son ministre. L'hôte/prince représente notre être réel dans la réalité spirituelle. L'invité/ministre est l'être humain naïf, matériel, mental, qui vit dans le monde.

Étape 1 : découvrir qu'il existe une réalité spirituelle et un moi supérieur plus grand que notre « petit moi ici-bas ». Il est représenté par l'apparent au-dessus du réel et une grande zone d'obscurité sur une petite quantité de lumière. L'obscurité fait référence au moi aveugle et au paradoxe de l'absorption simultanée de chaque chose et du néant.

Étape 2 : reconnaissance et acceptation d'une personne invitée/ministre qui accueille l'hôte/prince comme professeur. Le pratiquant, qui se rend compte qu'il n'est qu'un invité dans le monde, cherche à mettre de côté son désir personnel pour servir son hôte correctement et avec respect. Le principe supérieur de lumière submerge l'obscurité insignifiante, c'est-à-dire l'être humain. Quand les attaches disparaissent, on devient comme un « rondin rabougri ».

Étape 3 : la réalité spirituelle devient réelle dans le monde et le « rondin rabougri » s'épanouit à nouveau quand l'invité/ministre se rend compte que cette réalité supérieure est à l'intérieur de l'in-

◄ DIVINITÉ ZEN

Alors que le zen ne connaît aucune divinité, la pagode (à gauche) représente des niveaux de réalité qui partent du royaume humain pour atteindre la perfection du néant, selon un concept analogue à celui des quatre mondes kabbalistiques.

Le Dressage du taureau *(ci-contre) est une série d'illustrations figurant le processus zen de la prise de conscience. Sur cette illustration, la troisième de la série, le berger est en paix après la méditation, et le taureau, symbolisant l'esprit, est fermement attaché.*

dividu et non quelque part dans l'au-delà. Les intérêts de l'hôte deviennent les intérêts de l'invité et prennent la forme d'un petit point noir (aveugle) à l'intérieur d'un cercle de lumière (prise de conscience). L'intellect cesse d'être le facteur motivant dans la vie à mesure que le pratiquant se dirige vers un état de conscience permanente.

Étape 4 : à ce stade, invité et hôte ne font qu'un : le moi est effacé et se confond avec la réalité spirituelle. L'individu n'a plus de désirs personnels, le point noir disparaît en laissant un cercle de lumière.

Étape 5 : conjointement à la prise de conscience de l'unité avec l'hôte/prince vient la prise de conscience d'une unité avec toute la réalité, animée et inanimée. Le mal cesse d'être un concept, car il n'est qu'une vision distordue ; la lumière et l'obscurité fusionnent. Le symbole est un cercle noir qui inclut tout.

Les analogies avec l'objectif kabbalistique du yichud sont assez évidentes. De même, l'idée de la lumière maîtrisant l'obscurité fait penser à l'ascension vers la lumière présente dans la mystique de la Merkabah et de la Kabbale.

Le paradoxe apparent est une partie essentielle du soto zen appelée koan. Le koan est un exercice de l'esprit qui va au-delà de la pensée et de la logique, une forme de méditation et de contemplation dont la réponse ne se trouve pas par l'exercice d'un esprit logique. Les concepts kabbalistiques du tsimtsum et l'opposition et l'équilibre des piliers gauche et droit de l'Arbre de vie créent aussi des paradoxes apparents que le kabbaliste peut contempler. Les formes internes et externes de méditation propres au zen se reflètent dans les formes hitboddedut et hitbonnenut présentes dans la Kabbale. Contempler les textes, se vider l'esprit, se concentrer sur la lumière et l'ascension sont des pratiques communes aux deux traditions.

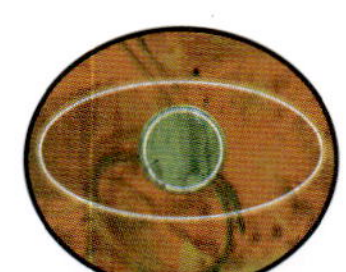

ÉTAPES *de* COMPRÉHENSION

Passez en revue votre expérience spirituelle en répondant à ces questions :

- ✡ *Quels aspects de vous-même se détacheraient si vous pouviez atteindre l'état de conscience zen ?*
- ✡ *Quelles sont vos illusions de croyance et les réalités apparentes que vous prenez pour des vérités ?*
- ✡ *Lorsque vous méditez, que vous arrive-t-il si vous vous concentrez sur une question paradoxale ?*

LE *YI-KING* et le YIN ET YANG

Le Yi-king, *ou Livre des mutations, est un système philosophique chinois de tradition taoïste datant de près de cinq mille ans. Le tao, qui signifie « la voie », est l'ultime réalité qui est à l'origine de tout. Le* Yi-king *suggère que l'univers – passé, présent et futur – est déterminé par les lois du changement. La causalité, plus que la coïncidence, est responsable des événements.*

▲ CORRESPONDANCES
Il existe des liens évidents entre les trigrammes du Yi-king *(en haut) et l'idée kabbalistique de l'Ayn Sof, ou de la volonté divine infinie (en bas). Au centre des trigrammes, se trouve le cercle du yin/yang, symbolisant l'unité, alors que l'Ayn Sof est composé de cercles concentriques commençant dans la zone de Malkhut et se déplaçant vers Ayn Sof.*

LE YIN ET LE YANG

La structure qui sous-tend le *Yi-king* est l'interrelation du yin et du yang. Le yin est le principe terrestre, exprimé par une partie de cercle incurvée blanche. Il représente l'énergie féminine passive, réceptive. Le yang est le complément du yin, le principe céleste, exprimé par la portion complémentaire noire du cercle. Il consiste en une énergie masculine active, créative ou expansive. Le symbole du yin/yang démontre qu'il y a, à l'intérieur de chacun, un petit point de l'autre – à l'intérieur du yin un peu de yang et à l'intérieur du yang un peu de yin.

LES USAGES DU *YI-KING*

Le *Yi-king* est utilisé comme un oracle pour la divination et pour enregistrer la progression de la vie d'une personne. Il consiste en soixante-quatre hexagrammes, composés chacun de six traits pleins ou brisés. Il y a quatre sortes de traits : des traits brisés représentant le yin ou principe passif, des traits pleins représentant le yang ; le yin mobile, qui devient yang, et le yang mobile qui devient yin. L'hexagramme se meut toujours du bas vers le haut, de la terre vers le ciel. Le *Yi-king* donne un nom à chaque combinaison possible de traits accompagné d'un texte résumant ce qu'elle signifie, ainsi qu'un avis se rapportant à chaque hexagramme. L'individu pose une question avant de jeter les tiges et se sert des commentaires pour stimuler le côté droit du cerveau afin de développer une interprétation personnelle à la question spécifique qu'il se pose. Seul un travail intérieur accompli par le questionneur permet de donner une signification aux données du livre et de trouver les vraies réponses aux questions de vérité spirituelle.

LE YI-KING ET LA KABBALE

Bien que le *Yi-king* et la Kabbale soient des traditions très différentes, on remarque des analogies entre les structures qui sous-tendent les deux systèmes. Le yin et le yang sont des principes complémentaires, apparemment en opposition. De même, l'Arbre de vie inclut les piliers opposés et néanmoins complémentaires ; celui de la rigueur et de la restriction qui est une énergie féminine semblable au yin, et celui de l'expansivité qui est une énergie masculine comme le yang. Les deux traditions recherchent l'unification par un équilibre avec la vérité ineffable. L'Ayn Sof et le Tao sont tous deux innommables, indescriptibles et au-delà de toute compréhension.

LA MÉDITATION POUR ATTEINDRE LA VÉRITÉ

La Kabbale et le taoïsme prescrivent la méditation pour parvenir à la purification spirituelle. La méditation, qu'elle soit taoïste ou kabbalistique, est basée sur la concentration, le contrôle de la respiration et la purification du corps et de l'esprit. Toutefois, la pratique quotidienne du taoïsme inclut le *wu wei*, ou le non-agir, une forme de pas-

▲ L'EXPÉRIENCE DU TAÏ CHI
Le taï chi est une discipline physique et spirituelle qui facilite la concentration et la motivation. En Chine, elle est pratiquée par tous, comme une expérience commune.

sivité qui circule avec l'énergie *(ch'i)* de l'univers. La Kabbale, quant à elle, prescrit l'action, qui émane de la concentration et de la dévotion, comme une partie du travail de tikkun olam, ou réparation du monde. Cependant, à certains stades de son évolution, la pratique de la Kabbale a également inclus l'ascétisme, le retrait de la société et de la vie sociale.

◄ LE YIN ET LE YANG
Le symbole visuel et le concept du yin et du yang représentent l'unité ultime et la fusion des énergies de la lumière et de l'obscurité.

S'OUVRIR *aux* CONTRAIRES

Répondez aux questions en examinant les modèles qui se sont répétés dans votre vie :

- ✡ *Pouvez-vous identifier la manière dont les énergies masculine et féminine s'expriment dans votre vie ?*
- ✡ *Êtes-vous plutôt actif et agressif ou passif et réceptif ?*
- ✡ *Comment vos relations changeraient-elles si vous deviez incorporer davantage d'une énergie moins familière dans vos pensées et vos actions ?*
- ✡ *Avez-vous jamais consciemment pratiqué le « non-agir » ? Comment se sent-on quand on se laisse porter par l'énergie de l'univers ?*

L'ASTROLOGIE *et le* ZODIAQUE

L'astrologie comme système de divination date de près de cinq mille ans. Le zodiaque est une ceinture imaginaire qui s'étend de part et d'autre de l'elliptique ; il est partagé en douze parties appelées « signes du zodiaque ». L'astrologie est basée sur la croyance que les étoiles, les planètes et autres corps célestes exercent une influence sur les événements terrestres. Il est possible de dresser une carte de la position de ces corps célestes ainsi que de leurs interrelations puis de l'interpréter.

▲ ZODIAQUE PHYSIQUE
Les astrologues croyaient que les constellations stellaires gouvernaient les agissements du corps. Sur cette gravure française de 1499, les signes du zodiaque sont placés sur le corps humain et reliés de la même façon que les sefirot et l'homme primordial.

LE JUDAÏSME ET L'ASTROLOGIE

Un récit extrait du Talmud donne une idée des comportements juifs envers l'astrologie :

En chemin pour la forêt, deux bûcherons juifs s'arrêtent dans une auberge. Un Chaldéen propose de faire leurs horoscopes, après quoi il leur prédit une mort imminente, le jour même. Les Juifs se rendent à leur travail et en chemin, rencontrent un vieil homme terriblement affamé. Ils lui offrent la moitié de la miche de pain constituant leur nourriture de la journée. Le soir venu, ils reviennent à l'auberge et retrouvent leur astrologue. Celui-ci les regarde avec étonnement jeter au sol leur chargement de bois ; il est encore plus surpris quand, à l'ouverture de chaque fagot, une moitié de serpent très venimeux, mort sans aucun doute, s'en échappe. « Qu'avez-vous fait pour éviter la mort ? » demande-t-il ? Ils lui racontent les événements de la journée et ce dernier s'exclame : « Béni soit le Dieu des Hébreux, qui détourne le cours des étoiles pour une demi-miche de pain. »

CITATION EXTRAITE DE *DIEU N'EST PAS MON ONCLE*, DE BILL HEILBRONN

En lisant cette histoire, il apparaît clairement que la pratique de l'astrologie était familière. Cependant, le dénouement prouve que la croyance et la pratique juives, ici un acte d'amour-bonté et de charité, étaient considérées comme une manière supérieure d'influer sur son destin.

L'ASTROLOGIE ET LA KABBALE

L'astrologie faisait certainement partie des pratiques et de la croyance des kabbalistes, malgré la véhémente condamnation de Maïmonide. Certains Babyloniens pensait que la chance d'un individu ne dépendait pas du mérite mais de l'être qui gouvernait la planète. Le *Sefer Yetsirah* comme le *Zohar* intègrent une approche astrologique dans la cosmologie qu'ils décrivent. Le *Zohar* déclare :

J'ai trouvé dans les livres des anciens une doctrine mystique et, à côté, une autre doctrine mystique qui, par essence, sont identiques et ne font qu'une. Elle se résume ainsi : il est une période pendant laquelle la lune est défectueuse, un jugement lui étant infligé, et le soleil lui étant dissimulé. Maintenant, c'est la lune qui à toutes les époques et à toutes les saisons libère des âmes pour qu'elles pénètrent les fils des hommes… Mais ces âmes, que la lune envoie de l'avant quand elle est pleine et que le courant perpétuel joue autour d'elle, sont

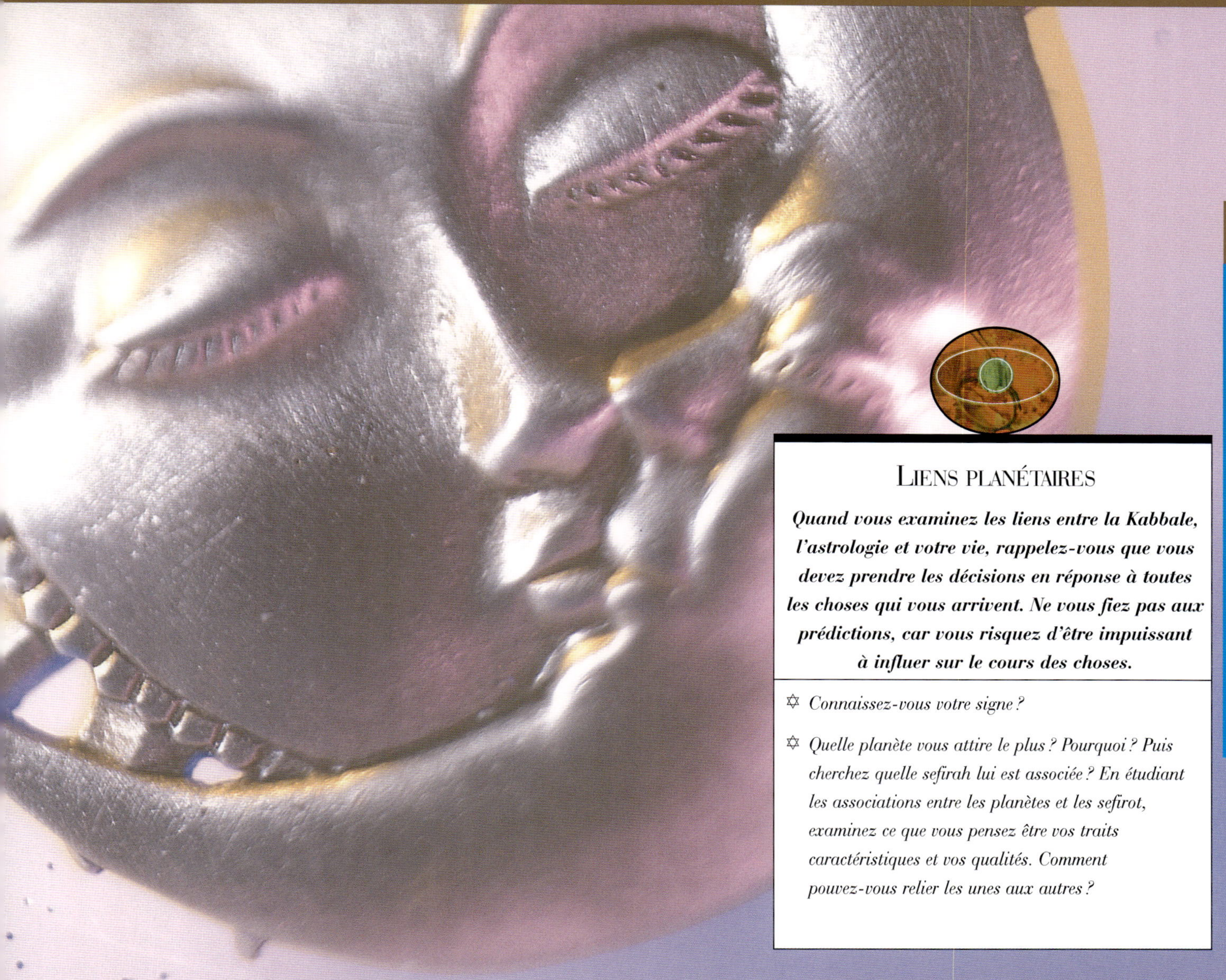

Liens planétaires

Quand vous examinez les liens entre la Kabbale, l'astrologie et votre vie, rappelez-vous que vous devez prendre les décisions en réponse à toutes les choses qui vous arrivent. Ne vous fiez pas aux prédictions, car vous risquez d'être impuissant à influer sur le cours des choses.

- ✡ *Connaissez-vous votre signe ?*
- ✡ *Quelle planète vous attire le plus ? Pourquoi ? Puis cherchez quelle sefirah lui est associée ? En étudiant les associations entre les planètes et les sefirot, examinez ce que vous pensez être vos traits caractéristiques et vos qualités. Comment pouvez-vous relier les unes aux autres ?*

destinées à jouir de l'abondance de toutes ces bonnes choses… et cela du fait de l'attribution (mazal *ou chance) qui s'est écoulée et s'est unie à cet état de plénitude pour être perfectionnée et bénie par lui.*

ZOHAR, VAYESHEV, 180B-181A

Le mot *mazal*, utilisé aujourd'hui par les Juifs pour féliciter et souhaiter bonne chance *(mazal tov)*, est relié à la conception kabbalistique de la chance, attribuée par les étoiles et les planètes. Le mot associé, *mazalot*, signifie « zodiaque ». Depuis la création des lumières le quatrième jour dans Beriah, le zodiaque était considéré comme gouvernant le jour et la nuit, et influençant la vie sur Terre. Le *Sefer Yetsirah* donne aux kabbalistes un compte rendu précis de l'époque de l'année et de la partie du corps humain gouvernées par le signe du zodiaque, et alloue à chacun d'entre eux une des douze tribus d'Israël. Chaque signe est censé représenter un des douze types d'être humain – un point de vue encore très populaire dans la culture occidentale contemporaine.

▲ Le Soleil et la Lune
Chaque sefirah correspond à une planète qui lui est associée. Jusqu'à l'époque moderne, on ne connaissait que six planètes, et le Soleil comme la Lune ont été intégrés aux planètes.

Chapitre Six

Introduisez la Kabbale dans votre vie

La connaissance sacrée de la Kabbale est destinée à une utilisation dans la vie quotidienne. La méditation, les chants, la créativité et l'étude sont autant de moyens pour accéder à une meilleure prise de conscience. Cependant, la Kabbale n'est pas faite pour les dilettantes. Les exercices de ce chapitre exigent honnêteté et franchise ; ils vous serviront à créer une unité à l'intérieur des quatre mondes de votre existence.

RESTRUCTUREZ VOTRE PERCEPTION

Pour voir le monde différemment, il convient de regarder différemment ; en d'autres termes, de restructurer votre perception par la concentration. En réalité, même si vous avez l'impression de voir avec les yeux, c'est votre cerveau qui décode les stimuli visuels et les transforme en images signifiantes. Choisissez un joli carnet et consignez jour après jour les progrès réalisés.

▼ L'ESSENCE DE LA VIE
Les cristaux de formes diverses ont des structures moléculaires très régulières. Voir le monde différemment signifie parfois regarder sous la surface pour identifier sa structure et son essence.

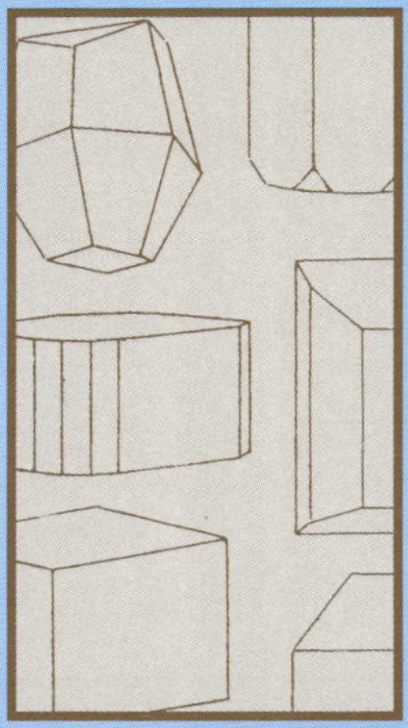

EXERCICE 1

APPRENEZ À VOIR

Cet exercice vous aidera à restructurer votre manière d'interpréter vos expériences quotidiennes.

1 Observez un papillon. Écrivez le plus précisément possible ce que vous voyez, dessinez-le au besoin. Notez tout ce qui vous traverse l'esprit au sujet du papillon.

2 Répondez aux questions suivantes pour mieux comprendre votre manière de voir.

- ✡ Vous intéressez-vous aux caractéristiques physiques comme la forme, la couleur, les motifs et le mouvement ?
- ✡ Les différentes étapes du développement du papillon (œuf, chenille ou chrysalide) vous viennent-elles à l'esprit ?
- ✡ Pensez-vous à sa grâce, à sa beauté, à sa vitesse ?
- ✡ Êtes-vous frappé par des idées intangibles comme la liberté, la mortalité, ou par les interrelations qui existent entre les divers éléments du monde naturel ?
- ✡ Êtes-vous ému par sa beauté en tant que reflet des miracles de la création en harmonie avec la nature ?
- ✡ Avez-vous ressenti le désir fugace de l'écraser ou de le détruire ?
- ✡ Considérez-vous ce papillon comme l'expression de l'amour ?
- ✡ Le mystère vous envahit-il ? – celui de la création ou la relation entre le vaste univers et le papillon ?

Ces questions abordent les divers aspects de l'Arbre de vie :

LA STRUCTURE ET LA FONCTION représentent Malkhut et le monde d'Assiyah.

LA FORMATION ET LE DÉVELOPPEMENT représentent Yesod et le monde de Yetsirah.

LA SLENDEUR ET LA MAJESTÉ représentent Hod et Netzach équilibrées par l'endurance et la permanence.

LA BEAUTÉ représente Tiferet, reflet de la gloire et de la volonté divines ; elle relie également les mondes de Beriah et de Yetsirah.

LE POUVOIR ET LA JUSTICE représentent Gevurah.

LA MISÉRICORDE ET L'AMOUR représentent Chesed.

LA SAGESSE ET L'INTELLIGENCE représentent Chokhmah et Binah s'approchant du monde d'Atsilut.

Renouvelez cet exercice avec un arbre, un morceau de charbon, un diamant ou la pointe de votre crayon (les trois derniers sont trois formes du même élément, le carbone). Exercez-vous à regarder une dizaine de minutes chaque jour, chez vous, au travail, etc. Faites cela trois jours de suite.

Exercice 2

Identifiez vos choix

Vous êtes confronté chaque jour à des situations qui vous demandent de faire des choix susceptibles d'avoir un impact sur votre vie et celle des personnes qui vous entourent. La tradition juive enseigne que chacun porte en soi un penchant pour le bien *(yetser hatov)* et un penchant pour le mal *(yetser hara)*, représentés par deux anges perchés sur l'une et l'autre épaules. La tension qui s'exerce entre les piliers droit et gauche de l'Arbre des sefirot est une autre manière de figurer cette idée, en particulier au niveau de Gevurah et Chesed.

1 Faites une liste de tous les choix que vous avez faits aujourd'hui, des moins importants aux plus importants.

2 Notez les points qui ne vous ont pas laissé de choix, car vous avez été incapable de lutter contre certaines forces extérieures.

3 Comparez les deux listes. Examinez la plus longue et demandez-vous pourquoi il en est ainsi. Ces deux listes sont-elles représentatives de votre expérience ?

4 Vos choix sont-ils souvent le reflet de votre propre désir ou besoin de contrôler et de juger (Gevurah) ? Expriment-ils souvent votre besoin d'aimer et de montrer de la compassion (Chesed) ? Ou bien, pensez-vous qu'ils reflètent une incapacité à exercer votre pouvoir (manque de Gevurah) ? Vous sentez-vous incapable d'offrir ouvertement votre amour et d'établir un contact avec les autres (manque de Chesed) ?

5 Vos choix sont-ils motivés par la volonté de faire le travail (Malkhut), le besoin de satisfaire votre ego (Yesod), le sentiment qu'ils sont reliés à un objectif plus élevé (Tiferet) ou la sensation d'être guidé dans vos actions par un pouvoir supérieur (Keter) ?

6 Pensez à un choix particulièrement difficile que vous devez effectuer maintenant ou dans un avenir proche. Notez toutes les options qui se présentent à vous. Puis, en vous servant de la structure de l'Arbre de vie, décidez quelles options correspondent aux sefirot les plus puissantes et les plus faibles en vous-même. Avez-vous la possibilité de faire d'autres choix en regardant les sefirot ? Soyez totalement honnête envers vous-même et déterminez si vous êtes motivé par le bien ou par le mal. Rappelez-vous que le *yetzer ha'ra* (penchant pour le mal) peut représenter tout ce qui est au détriment de l'intégrité ou du bien-être du moi, des autres ou du monde.

► La voie de la nature

Tout ce que nous voyons est pris dans un fragment de temps. Le magnifique papillon n'est qu'une étape du cycle qui va de l'œuf à l'extraordinaire et délicate forme adulte, en passant par la chenille et la chrysalide. Parfois, nous voyons seulement une partie de ce qui est en face de nous. Apprenez à regarder au-delà des limites de l'instant et captez la beauté qui attend d'être vue.

LA KAVANNAH *dans* VOTRE VIE

La Kabbale nous apprend qu'il doit y avoir une kavannah, *une intention, à l'origine de chaque pensée, prière et action. Au fil des siècles ont été mis au point des rites et des méditations destinés à accompagner chaque action, à intensifier notre prise de conscience et à nous élever jusqu'aux royaumes supérieurs de l'Arbre de vie.*

▼ RESTEZ CONCENTRÉ
Vous aurez peut-être besoin de vous créer une kavannah *écrite, une phrase ou une image qui vous rappellera votre intention de vivre avec conscience. Vous pouvez l'emporter avec vous et la consulter si vous vous sentez à la dérive.*

EXERCICE 3

CRÉEZ UNE KAVANNAH QUOTIDIENNE

Pour être réellement efficace, un exercice de kavannah doit amener une activité de routine à la conscience avec une intention pure. Pour cet exercice, vous devez utiliser vos nouveaux pouvoirs de volonté et de concentration, et être ouvert toutes sortes de prises de conscience.

1 Dressez une liste des actions que vous accomplissez du lever au départ de la maison le matin. Que se produirait-il si vous n'effectuiez pas chacune de ces actions ?

2 Planifiez votre journée de façon à disposer d'une heure dans la matinée pour pratiquer cet exercice une première fois. Une fois que vous aurez intégré les *kavannot* (pluriel de *kavannah*) dans votre quotidien, il ne nécessitera que quelques minutes.

3 En vous inspirant de la liste suivante, créez votre propre *kavannah* sous forme d'une méditation, d'un chant, d'une phrase ou d'une action :

✡ Au réveil – lorsque vous ouvrez les yeux, regardez autour de vous et remerciez d'être vivant et reposé. Vous pouvez le faire sous la forme d'une mélopée ou d'une phrase répétée comme « Merci d'être en vie ».

✡ Au saut du lit – en vous levant, vérifiez si vos membres et votre colonne vertébrale fonctionnent correctement et vous permettent de bouger. Éprouvez votre corps – par exemple, tendez chacun de vos bras vers le plafond, en levant la tête ; étirez chaque jambe en avant et en arrière ; décrivez un cercle lentement avec votre tête, en étant toujours conscient de ce qui vous entoure ; pliez-vous à la taille et étirez-vous vers le bas, en regardant le sol.

✡ Aux toilettes – quand vous répondez à l'appel de la nature, soyez reconnaissant d'avoir les canaux et les orifices de votre organisme en bon état de fonctionnement ; vous pouvez par exemple accompagner l'acte de défécation par un « aah » entonné assez fort. Ne vous préoccupez pas des voisins.

✡ Dans la salle de bains – pensez aux couches de cellules mortes, de poussière et de microbes que vous enlevez et à la peau propre et fraîche qui résulte de cette toilette. Constatez votre pureté essentielle par une phrase parlée ou chantée, par exemple « Je suis pur et propre ». Ou bien battez lentement des mains mouillées et sentez votre peau interagir avec l'eau.

✡ En vous habillant – avant de choisir quels vêtements porter, pensez aux qualités de votre nature que vous souhaitez exprimer. Choisissez des couleurs et

▸ UN SUR UN MILLION
Chaque nuage est unique, et pourtant il produit différentes images dans l'esprit de celui qui le regarde. Une partie de la création d'une kavannah *consiste à apprendre à remarquer et à évaluer les différences dans chaque chose et chaque personne que vous rencontrez. Cela vous permettra d'élever les activités routinières jusqu'à la prise de conscience.*

des styles qui reflètent vos besoins, en tenant compte des attributs des sefirot : bleu pour Malkhut; orange ou noir pour Yesod; rose foncé pour Netzach; jaune et violet pour Tiferet; rouge et or pour Gevurah; blanc et argent pour Chesed; jaune et vert pour Binah, et un vêtement qui réunit toutes les couleurs pour Chokhmah. Avant d'enfiler vos vêtements, agitez-les au-dessus et autour de votre tête et imaginez que vous vous enveloppez dans les qualités des sefirot.

✡ Au petit-déjeuner, avant d'introduire des aliments dans votre bouche, cherchez à savoir quelle est leur origine. Examinez les processus et les étapes qui leur ont permis d'arriver jusqu'à vous. Soyez reconnaissant pour les interrelations existant entre les êtres et pour la chaîne alimentaire; pour chaque étape, prononcez vos remerciements à voix haute.

✡ En quittant la maison – lorsque vous franchissez le seuil, retournez-vous pour regarder votre maison et constatez la sécurité et le confort qu'elle vous apporte. Touchez le montant de la porte et écoutez un instant les sons extérieurs ainsi que votre voix intérieure. Imaginez, avant de sortir, l'unicité de chaque chose, en mêlant votre vie intérieure au monde qui vous entoure.

✡ En entrant dans le monde – considérez votre environnement familier et essayez de le voir d'un œil nouveau. Par exemple, formez un arc avec votre bras droit puis avec votre bras gauche. Commencez la main sur le cœur puis étirez le bras et tendez-le latéralement à hauteur d'épaule. Imaginez-vous en train de serrer dans vos bras les merveilleuses créations du monde.

À mesure que vous vous familiarisez avec cet exercice, prolongez-le pour inclure d'autres moments, comme le trajet, l'arrivée au travail ou à l'école, les moments passés avec les amis, les loisirs, les moments précédant ou suivant l'amour, et la préparation au coucher.

PENSÉE, CRÉATION, FORMATION *et* ACTION

Les trois mondes kabbalistiques sont basés sur un texte biblique d'Ésaïe et les premiers versets de la Genèse. Les kabbalistes stipulaient que la volonté et la pensée divines précédaient toute chose. Cette volonté était à l'origine de la création de l'univers qui commença à prendre forme, à se différencier en structures variées, et enfin, à agir. Nous pouvons imiter ce processus dans notre propre vie afin de mieux nous comprendre.

Vous êtes créé à l'image du Créateur divin et fonctionnez donc, vous aussi, dans le cadre de ces quatre mondes. Imaginez comment seraient votre vie et le monde si chacune de vos actions résultait d'une pensée inspirée, mise en œuvre par votre volonté et vos talents propres.

LES TRENTE-SIX

Une tradition hassidique prétend que le destin du monde repose sur trente-six personnes justes qui peuvent être n'importe laquelle d'entre nous. Ainsi, nous devons agir comme si nous étions l'une de ces trente-six personnes sur lesquelles risque de reposer le sort du monde. En outre, nous devons également traiter les autres personnes comme des personnes justes, car nos actions peuvent exercer une influence sur elles et, par là-même, prendre une signification nouvelle. Pensez aux jours à venir. Au lieu de vous concentrer sur les actions à accomplir, essayez de quitter le

EXERCICE 4

FAITES DE CHAQUE ACTION UN REFLET DE LA VOLONTÉ DIVINE

Souvenez-vous que vous êtes un être unique. Si vous vous engagez sincèrement dans la voie de la croissance spirituelle, vous pouvez tirer parti de cette unicité et faire de chaque action une manifestation de la force des quatre mondes.

1 Pensez à une action importante accomplie la semaine précédente. Décrivez ce que vous avez fait, comment et pourquoi vous l'avez fait.

2 Examinez votre action par le menu et décidez si elle résulte d'une inclination au mal ou au bien. Soyez honnête. Déterminez si elle est le reflet du pilier gauche réceptif, raisonneur, de la rigueur, ou bien du pilier droit actif, intuitif, de la miséricorde sur l'Arbre de vie. Est-ce typique de votre comportement ?

3 Réfléchissez maintenant au fondement de votre action. Cet exercice va bien au-delà des détails que vous avez déjà notés. Essayez d'aborder les principes

◂ MERVEILLEUSE TERRE

Les étonnantes couleurs bleue et verte de notre planète nous rappellent le cadeau qui nous a été offert. À l'image de la volonté de Dieu qui a créé la Terre, nous devons porter attention à tout ce que nous créons et en faire l'expression du bien. L'avenir de la Terre dépend de nous.

universels et voyez si certains problèmes en cours dépassent votre entendement.

4 Prenez en compte les aspects suivants des quatre mondes : le comportement physique, les émotions, l'intellect et l'esprit. Votre action fait-elle référence à un seul de ces quatre mondes ou à plusieurs ? Quels changements aurait provoqué l'implication d'autres mondes dans votre action ?

5 Essayez maintenant de dépasser votre ego et les circonstances personnelles. Imaginez ce que la volonté divine aurait pu exiger de vous. Percevez-vous une différence si votre action est motivée par la volonté divine ?

monde d'Atsilut (la Proximité). Considérez qu'il existe une volonté primale émanant de Ayn Sof, et que vous et votre vie êtes l'expression unique de cette volonté. Lorsque vous êtes confronté à des gens ou à des situations, demandez-vous quel genre de création le Créateur attend de vous, quels sont les talents qui rendent vos créations ou vos actions uniques.

Lorsque vous manifestez la volonté divine dans le monde réel, sachez que votre caractère unique crée une forme particulière qui aura un impact sur le monde. Il vous faudra donc vous assurer que chacune de vos actions est le résultat de l'attention que vous prêtez aux quatre mondes et de la prise de conscience du fait que vous aussi pouvez changer le monde.

▲ La légende des trente-six

La légende des trente-six justes dit que chaque génération comporte des individus qui exercent une influence positive sur la société. Eux-mêmes n'en sont pas conscients, c'est pourquoi nous devons accomplir toutes nos actions comme si le monde en dépendait.

LA MÉDITATION PERSONNELLE

Il existe autant de formes de méditation que de traditions spirituelles. Au sein de la Kabbale, les pratiques méditatives ont cours depuis plusieurs siècles ; intellectuelles, psychologiques ou physiques, elles sont un élément important de la Kabbale pratique.

▸ AIDE À LA MÉDITATION
Les mandalas, composés de diagrammes concentriques à signification spirituelle, sont des aides traditionnelles à la méditation. Ils sont couramment utilisés dans le bouddhisme tibétain, pour qui les divinités occupent des positions déterminées. Les quatre coins représentent le monde et, par conséquent, la totalité de l'existence, ce qui offre une nette ressemblance avec la Kabbale.

L'ISOLEMENT VOLONTAIRE

Après l'*hagah*, l'*hitboddedut*, ou isolement volontaire, est un deuxième type de méditation kabbalistique. C'est une technique axée vers l'intérieur, qui ne requiert pas seulement de s'isoler physiquement, mais aussi d'isoler l'esprit des stimuli extérieurs. Le kabbaliste Chaim Vital enseignait qu'il était nécessaire de dissocier l'âme du corps afin de perdre la conscience de son moi physique. Il ajoutait toutefois que cette pratique extrêmement dangereuse était réservée aux personnes justifiant de plusieurs années d'étude et d'expérience.

EXERCICE 5

MÉDITEZ PAR LA RÉPÉTITION

Les écritures hébraïques font communément référence à la notion de *hagah*, de mots ou de phrases que l'on répète longuement. La méditation kabbalistique utilise cette technique, combinant les voyelles, les consonnes ou les mots comme matière première. Cet exercice utilise une méthode analogue pour élever le moi spirituel.

1 Choisissez dans la Bible un ou plusieurs mots qui vous semblent particulièrement puissants. Avec ces mots, formez une phrase en français, en hébreu ou en toute autre langue.

2 Réglez votre minuterie sur dix minutes et augmentez progressivement la durée de votre séance jusqu'à une demi-heure. Asseyez-vous sur une chaise ou par terre, le dos droit et les yeux mi-clos afin de voir seulement le sol.

3 Commencez par respirer profondément à plusieurs reprises ; inspirez par le nez et expirez par la bouche. Vous pouvez exhaler l'air avec un son voisé ou soupirer pour chasser l'énergie réprimée. Remerciez le pouvoir divin qui vous guide et vous aide à conserver une intention pure. Puis commencez à psalmodier la phrase que vous avez choisie jusqu'à ce que vous ayez accordé son rythme à celui de votre respiration. Continuez ainsi jusqu'à la fin du temps qui vous est imparti.

4 Avant de vous lever, remerciez à nouveau le pouvoir divin qui vous guide et vous protège.

Exercice 6

Contemplez les textes afin de vous reconstruire

Cet exercice vous permet d'utiliser les textes existants comme base de contemplation.

1 Dans la Bible, ou dans tout autre livre, choisissez un court extrait qui vous parle d'un point de vue spirituel, intellectuel et émotionnel. Copiez-le sur une feuille de papier afin de mieux vous concentrer.

2 Passez à l'étape 2 de l'exercice 5, en gardant les yeux ouverts.

3 Avant de lire, remerciez le Tout-Puissant. Lisez lentement le texte à voix haute, en observant des pauses pour vous donner le temps de réfléchir. Puis relisez-le, à voix haute ou à voix basse.

4 Passez le reste du temps à contempler le texte. Vous pouvez choisir ou non de vous y référer à nouveau. Laissez vos pensées jaillir des mots, des idées et des sentiments. Si vous pensez vous être écarté de votre objectif, regardez à nouveau le texte. Cherchez comment la sagesse qu'il renferme peut vous aider dans votre vie actuelle.

5 À la fin du temps imparti, relisez le texte lentement à voix haute et remerciez le Tout-Puissant pour ses conseils et sa protection. Si vous le souhaitez, notez vos observations et les différents stades de l'action sur votre carnet.

◂ Yeux fermés
Pour faciliter la méditation, ce moine hindou ferme les yeux et joint ses mains. Utilisez les techniques qui vous semblent les meilleures pour atteindre cet état de plénitude.

Exercice 7

Isolez votre esprit

Nachman de Bratslav a rendu l'*hitboddedut* plus accessible en l'adaptant ainsi :

1 Installez-vous dans un endroit tranquille où vous ne risquez pas d'être dérangé. Tout d'abord, réglez votre minuterie sur une durée de dix minutes. Asseyez-vous ou allongez-vous, les yeux presque clos.

2 Remerciez le Tout-Puissant qui protège et guide votre intention pure. Prenez plusieurs respirations profondes et laissez votre corps se détendre.

3 Imaginez que vous regardez ou écoutez votre esprit en observateur détaché. Analysez vos pensées.

4 À la fin de la méditation, remerciez pour la capacité de discernement dont vous avez fait preuve, puis notez vos observations.

LE POUVOIR *des* NOMS DIVINS

Dans de nombreuses cultures, les noms possèdent un pouvoir. Comme nous l'avons vu précédemment, chaque sefirah est associée à un des divers noms de Dieu. Dans la tradition juive, maintes pratiques ont vu le jour dont chacune reconnaît un aspect de la divinité relié à l'univers et à l'individu.

▸ LE MANDALA D'ABOULAFIA
Ces cercles créés par le kabbaliste du XIIIe *siècle Abraham Aboulafia renferment différentes combinaisons de lettres hébraïques et de noms divins. Ceux-ci devaient être répétés à l'infini de manière à transcender la pensée rationnelle et atteindre les royaumes supérieurs.*

LA MISE EN GARDE DES RABBINS

Les rabbins, qui craignaient le pouvoir incontrôlable de ces noms, conseillaient de toujours entourer de telles pratiques de rituels particuliers – comme les cendres de la génisse rouge (Nombres 19) – et d'étudier avec un maître érudit et équilibré.

Seul celui qui croit en la réalité permanente de Dieu peut s'engager dans la pratique qui utilise les noms de Dieu pour la méditation ou le développement spirituel. Cette assertion est un postulat formulé par les kabbalistes, pour qui Dieu est au centre de l'être. Cette pratique est évidemment déconseillée aux dilettantes et à ceux qui n'ont qu'un sens général et indéfini de la spiritualité. En effet, ces personnes risquent de perdre leur équilibre mental, voire leur vie.

אלהים ÉLOHIM : DIEU LE CRÉATEUR

Dans le premier chapitre de la Genèse, le nom du Créateur est Élohim, le pluriel d'Éloah, terme signifiant « Dieu » en hébreu. À cette époque pré-monothéiste, le choix de ce nom a probablement été influencé par les cultures polythéistes environnantes.

Élohim, en tant que source de la loi, est placé à la tête du pilier gauche de la justice. Isaac Louria le considérait comme une représentation numérique des sefirot :

א alef = E, la couronne ou le crâne de Keter ;
ל lamed = L, les trois mentalités de Chokhmah, Binah et Da'at ;

ה hay = H, les cinq coins de l'être humain ; Chesed, Gevurah, Tiferet, Netzach et Hod ;
י yod = Y, Yesod ;
ם mem finale = M, Malkhut.

Ce mot apparaît plusieurs fois dans l'Arbre de vie, associé à Binah, à YHVH dans Tiferet et à Tzva'ot (hôtes) dans Hod.

יהוה YHVH : le Tétragramme

Le nom YHVH apparaît pour la première fois dans la Genèse 2,4, en relation avec Élohim. Le Créateur acquiert ensuite des qualités supplémentaires et devient le Dieu révélé à Moïse dans le buisson ardent. Le mot lui-même fait partie de l'ineffable mystère. Il est formé à partir des lettres du verbe être et implique l'avenir, le présent et le passé. Parfois, il a été prononcé et considéré comme Adonaï (mon Seigneur). L'essence de ce nom est Être éternel et ce mot est placé sur le pilier droit de la miséricorde sur l'Arbre de vie. Adonaï a reçu cette prononciation afin que les personnes imprudentes n'essaient pas de prononcer le nom divin.

Les kabbalistes médiévaux Éliézer Rokeach et Isaac Louria interprétèrent la permutation des lettres YHVH dans une perspective mathématique et créèrent le concept des 231 portes (voir pages 56-57).

Exercice 8

Vous êtes fait à l'image de YHVH

Il est possible de ressentir le pouvoir de YHVH dans votre vie en vous livrant à l'exercice suivant. Regardez l'inscription « YHVH » sur cette page. Elle est composée de quatre lettres hébraïques inscrites sur un fond blanc, verticalement en partant du haut :

י la lettre *yod* représentant le monde d'Atsilut (la Proximité) et la Volonté divine ;

ה la lettre *hay* représentant le monde de Beriah (la Création) et l'intellect ;

ו la lettre *vav* représentant le monde de Yetsirah (la Formation) et l'émotion ;

ה la lettre *hay* représentant la sefirah de Malkhut (la Royauté) et le monde d'Assiyah (l'Action).

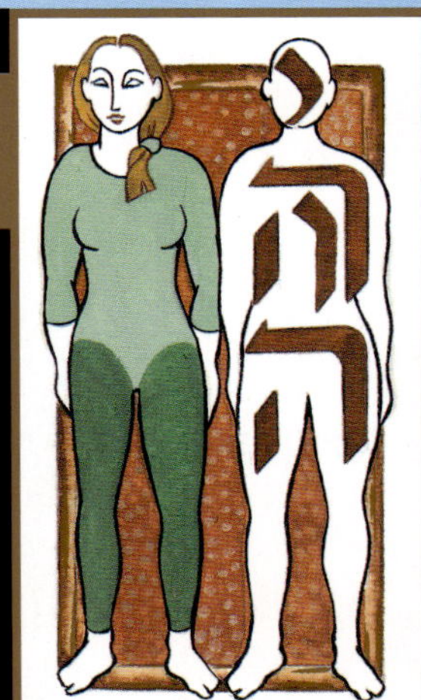

1 Imaginez que les trois lignes verticales formées par les lettres empilées de YHVH sont les piliers de l'Arbre de vie : le pilier gauche de la rigueur (restriction), le pilier central de la volonté et le pilier droit de la miséricorde (expansion). Mémorisez la forme des lettres individuellement en utilisant la référence ci-dessus.

2 Mettez-vous debout, l'écart des pieds correspondant à la largeur des hanches. Si vous possédez un miroir en pied, vous verrez que vous êtes dans l'image des lettres verticales YHVH. Sinon, utilisez l'inscription pour vous rappeler cette image et vous aider à la visualiser.

3 Fermez à demi les yeux et, à l'aide de vos mains ou en imaginant une présence divine dans votre esprit, tracez les lettres hébraïques face à votre corps : en haut, la lettre *yod* est sur votre tête, la couronne de Keter ; plus bas, la lettre *hay* est située sur vos épaules, bras et mains ; elles sont l'intelligence de Binah, le discernement et la force de Gevurah, la sagesse de Chokhmah, la miséricorde et l'amour-bonté de Chesed ; la lettre *vav* est située au niveau de votre colonne vertébrale, reliée à Keter avec la connaissance de Da'at, la beauté de Tiferet, le fondement de Yesod et la présence de Shekinah dans Malkhut ; la lettre *hay* est située sur vos hanches, jambes et pieds, connectée à la gloire et la réverbération de Hod, l'endurance et le triomphe de Netzach et la force vitale sexuelle de Yesod.

4 Tout en dessinant les lettres sur votre corps, répétez à voix haute « Je suis fait à l'image de Dieu ». Laissez cette prise de conscience gagner votre esprit, vos sentiments et votre corps. Observez la manière dont elle vous affecte.

5 À la fin de cette méditation, remerciez le Tout-Puissant qui vous fait vivre et vous connecte à la source infinie de la vie.

6 Notez vos observations. Vous aurez peut-être envie de dessiner, danser, chanter ou créer quelque chose de neuf avec vos mains. Faites-le.

Changez votre approche

Un jour, un bon professeur m'a dit : « Si tu fais ce que tu as toujours fait, tu obtiendras ce que tu as toujours obtenu. » Quiconque a jamais souhaité changer son mode de vie – perdre du poids, obtenir une promotion professionnelle, voire le prix Nobel – admettra la véracité et la pertinence de ce simple adage. La plupart des gens affectionnent la routine, et les nécessités de la vie quotidienne font souvent obstacle à toute tentative de changement.

La Kabbale, comme toute autre discipline spirituelle, requiert un engagement au changement et un laisser-aller dans ses manières d'être et d'agir. Pour se restaurer soi-même et restaurer le monde, il est parfois nécessaire d'affronter ses craintes, d'abandonner certaines attitudes, de changer de direction, d'adopter de nouvelles pratiques. Vous découvrirez ce qui vous est demandé au fur et à mesure de votre progression dans l'étude de la Kabbale.

Exercice 9

Votre pain quotidien

Votre routine quotidienne est le domaine qui se prêtera le mieux au changement. Certains des exercices précédents vous auront aidé à comprendre comment intégrer la pratique spirituelle à votre vie quotidienne. Si vous souhaitez vivre une vie fondée sur l'intégrité physique, psychologique, intellectuelle et spirituelle, certaines choses doivent changer.

1 Commencez par votre nourriture quotidienne. Réfléchissez un instant à vos habitudes alimentaires et notez les premières choses qui vous viennent à l'esprit.

2 Pensez ensuite à l'origine de votre nourriture, à ses conditions de production, aux personnes responsables de sa production et de son acheminement jusqu'à vous. Quels sont les principes qui régissent la production des aliments que vous consommez? Sont-ils honnêtes? Voyez-vous un équilibre entre Gevurah et Chesed?

3 Efforcez-vous de savoir quelles sociétés produisent vos aliments et quelles sont leurs politiques? Correspondent-elles à votre sens de l'intégrité? Laissez l'intelligence de Binah et la sagesse de Chokhmah vous guider lors de vos achats.

4 Sachez que tout ce que vous introduisez dans votre bouche vous rapproche ou vous éloigne de l'union avec le bien divin. Engagez-vous à manger et à boire en

étant plus averti et décidez des changements à effectuer lorsque vous faites les courses. Laissez la présence de Shekinah vous guider lorsque vous dressez votre liste de commissions ou choisissez un restaurant.

5 Une fois que vous êtes assis pour manger, prenez le temps de trouver l'origine de vos aliments et leur lien avec la Terre. Remerciez avant et après le repas; vous êtes ce que vous mangez; permettez donc à votre corps de devenir l'expression de l'équilibre entre les sefirot. Partagez votre nourriture avec des inconnus et ceux qui sont dans le besoin, laissez l'énergie de Chesed se manifester dans votre générosité d'esprit. Prenez le temps de préparer et de présenter votre nourriture avec amour et beauté, de telle sorte que les énergies de Hod et Tiferet se répercutent en vous et autour de vous.

6 Après avoir testé cette approche pour votre nourriture, pensez à ce que vous portez et aux produits que vous utilisez chaque jour, à l'endroit où vous passez vos vacances et aux associations que vous soutenez. Efforcez-vous de faire en sorte que chaque aspect de votre vie soit l'expression d'une dévotion consciente à ce que vous pensez être le bien.

Le prophète Michée a dit : « Dieu vous a dit ce qui est bien et ce que l'Éternel vous demande. Ne s'agit-il pas de faire la justice [Gevurah], d'aimer la miséricorde [Chesed] et de marcher humblement avec votre Dieu [Malkhut]. »

MICHÉE 6, 8

Quelle que soit la voie spirituelle suivie, vous ne progresserez qu'en adoptant un mode de vie équilibré, dans lequel vos pensées et vos sentiments seront en harmonie avec vos actes extérieurs.

◂ Nourriture vitale
Vous devenez la nourriture que vous mangez. Pensez à l'origine de vos aliments et à l'éthique de ceux qui les produisent. Leur préparation peut être l'expression de l'amour ou bien de la négligence – de ces deux principes, lequel préférez-vous ?

La guérison intérieure

À la fin de sa vie, Moïse s'adressa à tous les enfants d'Israël en résumant les enseignements et les promesses de Dieu. Après quarante années d'errance dans le désert, le peuple était prêt à endosser la responsabilité de sa santé spirituelle. Au cœur de tout cela se trouvent l'amour de Dieu et le choix de la vie et du bien au lieu de la mort et du mal.

Dans les derniers livres des prophètes, il est souvent fait allusion à la guérison du corps, du cœur et de l'esprit. La vision de Malachie associe clairement les attributs de Keter et de Shekinah :

Le soleil de la vertu rayonnera

avec la guérison dans ses ailes.

MALACHIE 3, 20

Aujourd'hui, presque tous les aspects de notre vie offrent une interaction entre le personnel, le collectif et le mondial. Les innovations mécaniques et biochimiques qui ont amélioré la qualité de la vie ont aussi créé la réalité menaçante de l'apocalypse sociale et environnementale. Seules la volonté et l'action humaines pourront sauver notre monde.

►JÉSUS GUÉRIT
Lorsque Jésus guérit la belle-mère malade de Pierre, il lui transmet l'énergie divine. Le don de guérison sert à soigner les maladies physiques comme les maux de l'âme et de l'esprit.

Parallèles spirituels

Les guérisseurs de tradition chrétienne pensent qu'ils sont les vecteurs de l'énergie salvatrice provenant directement de Dieu. Pour se justifier, ils citent le ministère de guérison de Jésus et le don de grâce du Nouveau Testament.

EXERCICE 10

GUÉRISSEZ PAR L'AMOUR

Le mot hébreu pour amour, *ahavah*, offre de nombreuses possibilités de guérison. Étudiez la structure du mot :

א la lettre *alef* est la lettre mère du souffle, avec une valeur numérique de 1 ;

ה la lettre *hay* est une lettre simple signifiant l'esprit de Dieu, avec une valeur numérique de 5 ;

ב la lettre *bet (vet)* est une des sept lettres doubles, signifiant le bienfait de la lumière créée par Dieu, avec une valeur numérique de 2 ;

ה la lettre *hay* est comme la précédente, avec une valeur numérique de 5. Le mot a une valeur numérique totale de 13.

1 Répétez le mot hébreu *ahavah* (aah-haa-vaah), sur une seule note ou en variant les notes.

2 Mettez-vous debout, les pieds écartés à la largeur des hanches. Laissez-vous la possibilité de guérir votre corps et votre esprit en accueillant l'amour divin et en le laissant jaillir de vous.

3 Regardez vers l'ouest, la direction de Yesod, et ressentez le pouvoir curatif de la forme en équilibre ; psalmodiez lentement le mot *ahavah* à treize reprises. Tournez-vous vers l'est, la direction de Tiferet, et répétez le mot en ressentant le pouvoir curatif de la beauté.

4 Maintenant, tournez-vous vers le nord, la direction de Gevurah, et ressentez le pouvoir curatif de la force et du discernement. Psalmodiez à nouveau *ahavah* treize fois. Tournez-vous vers le sud, la direction de Chesed, pour ressentir le pouvoir curatif de la miséricorde et de l'amour-bonté. Psalmodiez à nouveau le mot. Restez debout sans bouger.

5 Vous avez psalmodié *ahavah* cinquante-deux fois, deux fois la valeur numérique de YHVH. Prenez conscience du fait que vous pouvez recevoir et donner cet amour divin à n'importe quel moment.

EXERCICE 11

UNIFIEZ LES QUATRE MONDES

Cet exercice vous permet de créer un espace central de prière comme sujet de méditation.

1 Considérez les quatre éléments qui représentent les quatre mondes : la terre, Assiyah ; l'eau, Yetsirah ; l'air, Beriah et le feu, Atsilut. Prélevez un peu de terre, d'eau et d'air dans des lieux qui vous sont chers. Allumez une bougie pour créer du feu. Sur une surface plane, placez les éléments dans l'ordre ci-dessus. Sinon, placez-les sur quatre étagères séparées, les uns au-dessus des autres.

2 Contemplez le monde autour de vous et pensez à un aspect social, politique ou environnemental nécessitant d'être soigné et qui reflète vos préjugés.

3 Maintenant, contemplez les quatre mondes symbolisés en face de vous. Laissez-vous aller afin de ressentir comment la volonté divine, l'amour et la justice d'Atsilut pourraient émaner de Beriah, prendre forme dans Yetsirah et se manifester dans Assiyah où vous êtes, afin de réparer les dommages que vous avez recensés dans le monde.

4 Prenez conscience d'être la seule personne apte à le faire et décidez comment se manifestera la première étape du processus. Engagez-vous à agir.

5 Notez ce que vous avez découvert sur vous-même et ce que vous allez faire pour entamer la guérison. Soyez précis et établissez un plan d'action.

▲GOUTTELETTES DE VIE
Les quatre éléments, l'eau, le feu, la terre et l'air représentent les forces de la nature et les énergies des quatre mondes. Passez votre vie en revue et identifiez les énergies qui vous font défaut.

ORIENTEZ VOTRE CRÉATIVITÉ

Dans la nature, les végétaux et certains animaux se dirigent soit vers le sol (géotropisme), soit vers le soleil (héliotropisme) ; ils s'assurent ainsi que leurs organismes sont orientés dans une direction favorisant leur développement. De même, les personnes qui se trouvent sur la voie de la croissance et de la guérison spirituelles doivent s'orienter vers la contemplation, la dévotion et l'action pour réussir leur épanouissement.

Abraham Isaac Kook, un des grands kabbalistes du XXe siècle, disait :

Il nous est impossible d'identifier l'abondante vitalité que renferment tous les êtres vivants, du plus petit au plus grand, ni la vitalité cachée enveloppée dans toute création inanimée. Tout s'écoule, vibre et aspire en permanence. Il nous est tout aussi impossible d'évaluer notre richesse intérieure.
Notre monde intérieur est scellé, caché, relié à quelque chose de dissimulé, un monde qui n'est pas notre monde, à ce jour non encore découvert ou exploré.
Tout s'associe avec richesse, tout aspire à s'élever et à être purifié.
Tout chante, célèbre, sert, se développe, évolue, se réconforte, aspire à n'être qu'un.

OROT HAKODESH 2, 374

Exercice 12

Créez une kavannah pour votre créativité

Quels que soient vos talents créatifs, vous avez la capacité d'orienter cette créativité vers le bien afin qu'elle exprime votre potentiel.

1 Tracez trois colonnes sur une page de votre carnet. Dans la première, notez vos capacités créatrices, en laissant beaucoup d'espace après chacune d'elles. Dans la seconde, dressez une liste de ce que vous avez fait par le passé et des talents mis en œuvre. Dans la troisième, dressez la liste de ce que vous souhaitez accomplir dans l'année à venir.

2 Choisissez une de ces capacités créatrices sur laquelle travailler tout de suite. Déterminez où se situe votre talent créatif : dans le monde physique, psychologique, intellectuel ou spirituel, ou une combinaison de tous. Lesquels de vos attributs contribuent à votre talent? Quelles sont les qualités intérieures qui empêchent votre talent d'exprimer son potentiel? Soyez honnête. Votre intention sous-jacente provient-elle d'un esprit pur?

3 Réfléchissez à ce que vous souhaitez accomplir, imaginez ce qui changerait si vous étiez inspiré par une lumière aimante et une volonté supérieure. Quelles nouvelles possibilités créatrices découvrez-vous? Maintenant, imaginez que vous matérialisez dans Assiyah les qualités de toutes les sefirot de Yetsirah. Référez-vous, si besoin, au chapitre sur les sefirot. Réfléchissez à la manière dont le pilier central de la volonté intervient entre le pilier expansif de la miséricorde et le pilier réceptif/restrictif de la justice.

4 En consultant les chapitres précédents, décidez quelles voies et quels anges se prêtent le mieux à l'exécution de cette tâche et laissez leur énergie créatrice fusionner avec votre propre volonté créatrice. Choisissez ce que vous devez donner et ce que vous voulez recevoir – par exemple, de l'aide, des critiques et le jugement d'autrui; de l'assurance, de la réceptivité, de la force ou du relâchement de votre part.

5 Posez votre carnet, asseyez-vous et fermez les yeux. Pensez à votre processus créatif et aux résultats que vous souhaitez obtenir. Laissez l'énergie des anges et des sefirot pénétrer dans votre conscience.

6 Remerciez le Tout-Puissant de vous avoir guidé et donné du talent. Commencez maintenant votre travail.

◂ Des intentions précises

Pour faire pousser des plantes ou des légumes, il faut avoir une intention précise que vous mettez en œuvre en préparant le sol, en achetant les bonnes graines, en vous occupant de la plante, en l'arrosant, ni trop, ni trop peu, en la protégeant, en pinçant les pousses en surnombre et en effectuant la récolte au bon moment. De la même façon, pour prendre racine, croître et fleurir, votre créativité requiert une kavannah *et un souci du détail.*

Le jour est bref, et la tâche est grande,
les travailleurs sont lents,
et le Maître de maison est implacable.

Rabbi Tarfon

Proverbes des Pères

À LA RECHERCHE DE L'UNICITÉ

Le terme kabbalistique yichud *(unité ou unicité) désigne le travail d'unification entre les mondes pour parvenir à une unité avec Dieu. Vous avez déjà franchi les premières étapes de ce cheminement. Cependant, vous ne devez pas vous persuader que la surface est l'essence. À mesure que vous creusez la terre plus profond ou plongez plus profond dans l'eau, la densité augmente et de plus en plus de choses se trouvent entassées dans le même volume. Il en va de même avec la Kabbale.*

Dieu a dit à Abraham (Genèse 12) :
« Poursuis ton chemin. »
Dieu a dit à Abraham : « Avance en toi-même,
connais-toi toi-même, épanouis-toi. »

ZOHAR 1, 78A

Ces lignes s'adressent à tout le monde.
Cherchez et découvrez la racine de votre âme
de façon à la combler et à la ramener à sa source,
à son essence. Plus vous vous épanouirez,
plus vous approcherez votre moi authentique.

MOÏSE ACUTO (XVIIe SIÈCLE)

►LES BIENFAITS DE LA PRIÈRE
Ces Juifs font leur prière quotidienne dans un temple de Jérusalem. Leur dévotion – il en va de même pour tous ceux qui prient – les rapproche du Divin et les guide dans leur vie de tous les jours.

LES MOMENTS DE CLAIRVOYANCE

Il y a peut-être eu, dans votre vie, un moment où vous avez connu Dieu ou la lumière divine, ou compris soudain le pouvoir et la signification de l'univers. En ce cas, vous savez qu'à partir de ce moment, la vie s'agrandit, prend un sens nouveau et devient plus redoutable. Tout le travail de la Kabbale consiste à créer ces moments, à introduire le sacré dans la vie quotidienne et à élever la vie quotidienne vers le sacré.

▲ UN RAPPEL QUOTIDIEN
L'égrènement des chapelets est une forme de méditation et un rappel de la prise de conscience spirituelle. De nombreuses traditions utilisent les chapelets pour faciliter les pratiques religieuses. L'objectif est d'unir la prière à l'esprit et de les faire participer aux actions quotidiennes.

LES TROIS MISSIONS DE LA KABBALE

Comme vous l'avez constaté, le travail de la Kabbale est fait de contemplation, de dévotion et d'action. Il est préférable de s'atteler à cette tâche avec un ami et un maître, afin de rester en permanence sur la bonne voie. Choisissez un maître intègre et compétent, qui ait une grande connaissance de la tradition, car il existe beaucoup de profiteurs dont le seul objectif est d'exploiter les autres.

La contemplation nécessite l'étude des textes, du monde métaphysique et des enseignements d'autres traditions. Elle inclut également une méditation régulière pour identifier les enseignements qui apparaissent dans votre vie quotidienne et les incorporer à la sagesse kabbalistique.

La dévotion peut se manifester par la prière ou le service du cœur, ce que les chrétiens appellent « faire l'œuvre de Dieu ». Si vous êtes dans un état de gratitude et avez la volonté de réaliser la volonté divine, chaque instant peut offrir l'occasion de reconnaître et de prendre conscience de la présence de l'amour et de la crainte révérentielle.

Dans votre vie, l'action exprime à tout instant la volonté divine. En créant des rituels, vous pouvez transformer un ou plusieurs actes quotidiens en prière. De même, vos actions les plus ordinaires se font l'expression d'un amour et d'une lumière plus élevés dans le monde.

Chapitre Sept

Les grands esprits de la Kabbale

Depuis le Ier siècle de notre ère, la Kabbale est un processus permanent de créativité, d'interprétation et d'application. Les érudits et les mystiques ont consacré leur vie à l'étude et à la prière, car la compensation était immense ; en effet, ils avaient la possibilité de comprendre la signification de l'existence et la volonté de Dieu.

2000 av. J.-C. · 1900 av. J.-C. · 1800 av. J.-C. · 1700 av. J.-C. · 1600 av. J.-C. · 1500 av. J.-C. · 1400 av. J.-C. · 1300 av. J.-C. · 1200 av. J.-C. · 1100 av. J.-C. · 1000 av. J.-C. · 900 av. J.-C. · 800 av. J.-C. · 700 av. J.-C. · 600 av. J.-C. · 500 av. J.-C. · 400 av. J.-C. · 300 av. J.-C. · 200 av. J.-C. · 100 av. J.-C.

Les repères historiques figurant dans ce chapitre donnent une impression d'ensemble des idées appartenant à la tradition kabbalistique sur une période de deux millénaires. Bien que le premier millénaire reste nimbé de mystère, chaque siècle suivant a connu de remarquables érudits et enseignants de la Kabbale.

100 APR. J.-C. · 200 APR. J.-C. · 300 APR. J.-C. · 400 APR. J.-C. · 500 APR. J.-C. · 600 APR. J.-C. · 700 APR. J.-C. · 800 APR. J.-C. · 900 APR. J.-C. · 1000 APR. J.-C. · 1100 APR. J.-C. · 1200 APR. J.-C. · 1300 APR. J.-C. · 1400 APR. J.-C. · 1500 APR. J.-C. · 1600 APR. J.-C. · 1700 APR. J.-C. · 1800 APR. J.-C. · 1900 APR. J.-C. · 2000 APR. J.-C.

Textes classiques de la Kabbale

Les premiers enseignements kabbalistiques se mêlent à la légende biblique car l'on pensait que la Bible juive avait été transmise directement par Dieu, fournissant ainsi une profonde motivation pour l'interprétation mystique. Ces enseignements ont été réunis dans des textes qui sont devenus le fondement de commentaires mystiques et de théories kabbalistiques en perpétuelle évolution.

▼ L'ÉCOLE FRANÇAISE
Écrit par un rabbin inconnu du sud de la France, le Sefer ha-Bahir *confirme le concept de l'Arbre comme symbole spirituel et lumière directrice en déclarant que Dieu a dit ceci : « C'est moi qui ai planté cet arbre pour que le monde entier s'en délecte. » Cette première école de la Kabbale a beaucoup influencé les commentateurs du Moyen Âge, de la Palestine à l'Espagne.*

Le livre de la formation

Le *Sefer Yetsirah* (Livre de la Formation) apparut à la première époque rabbinique, entre les IIe et VIe siècles apr. J.-C. Il constitue la base de la littérature kabbalistique, alors même qu'il compte moins de trois mille mots. Bien que l'on impute sa création à Abraham, le Livre de la Formation a probablement été écrit au début de l'époque post-biblique, peut-être par le légendaire Rabbi Aqiva.

Cet ouvrage clé établit un tableau symbolique de l'univers basé sur les sefirot, expliquant la relation entre les cieux situés au-dessus et la Terre située en dessous, ou en termes plus contemporains, entre le macrocosme de Dieu, des anges et de l'univers et le microcosme de l'humanité et de la vie terrestre. Un autre aspect central de ce livre est l'explication du pouvoir mystique des vingt-deux lettres hébraïques servant à révéler les secrets de l'univers et de Dieu. Les lettres, émanant de la voix et du souffle de Dieu, forment la base du reste de la création, incluant les âmes de chaque être humain. Les 231 portes sont les points symboliques d'interaction entre les lettres. La totalité de la création émerge du nom ineffable de Dieu, qui transforme l'énergie (chaos) de l'univers en matière. Cet extrait atteste la nature mystique de l'intelligence kabbalistique :

Les vingt-deux lettres du fondement : Dieu les a gravées [avec la voix], les a sculptées [avec le souffle], les a pesées et les a transposées, Alef [la première lettre] avec toutes les autres. Ensuite, Dieu les a permutées et a formé [l'âme de] tous ceux qui ont jamais été formés et tous ceux qui seront formés… tous oscillent de façon cyclique. Ainsi, ils émergent des 231 portes, et tout ce qui fut formé et dit émane d'un seul nom. Dieu tira la substance du chaos et fit ce qui n'était pas dans ce qui est. Dieu sculpta d'immenses pierres dans de l'air impossible à saisir.

SEFER YETSIRAH 2, 2-6

◄ La patrie de la Bible

Les écrits mystiques de l'époque rabbinique, dont le Livre de la Formation, *cherchaient à comprendre la parole divine, transmise au prophète Moïse sur le mont Sinaï. Cette montagne, qui bien entendu existe toujours, est un lieu de pèlerinage pour les juifs, les chrétiens et les musulmans.*

Vers 1800 av. J.-C.
Migration d'Abraham, d'Ur en Chaldée jusqu'au pays de Canaan (Israël).

1 **vers 1300 av. J.-C.**
Époque de l'exode des Enfants d'Israël à partir d'Égypte. Don de la Torah (fondement de la Bible juive) sur le mont Sinaï.

1000-925 av. J.-C.
Époque du roi David et de Salomon, composition probable des premiers Psaumes.

650-585 av. J.-C.
Époque de la prophétie de Jérémie.

586-536 av. J.-C.
Destruction du premier temple de Jérusalem et époque de l'exil babylonien ; époque de Daniel à Babylone et de la vision mystique de la Merkabah (le Char) d'Ézéchiel.

70 apr. J.-C.
Destruction du second temple de Jérusalem par les Romains sous Titus.

100-400 apr. J.-C.
Composition et codification de la Mishnah et du Talmud. Le Ier siècle de l'ère chrétienne est l'époque de Rabbi Aqiva, auteur présumé du *Sefer Yetsirah*, et de son disciple, Rabbi Shimon bar Yochaï, première personne créditée comme auteur du *Zohar*.

Le livre de la clarté

La Kabbale en tant qu'école de pensée se développa en France – et plus précisément en Provence – avec l'apparition du *Sefer ha-Bahir* (Livre de la Clarté) dans la seconde moitié du XIIe siècle, bien qu'il ait été attribué à Nechuniyah ben Hakanah qui vivait au Ier siècle. Par ses commentaires de passages de la Bible, ce petit livre présente une gamme variée de spéculations sur la nature de Dieu à travers la structure des sefirot, ou « lumières », l'Arbre de Dieu, et l'existence de Satan et du mal comme qualité intégrale à l'intérieur de Dieu lui-même.

LE *ZOHAR*

À la fin du Moyen Âge, les mystiques juifs adoptèrent de nouveaux concepts de piété et de vertu. Ceux-ci sont exprimés dans le Zohar, *ouvrage kabbalistique déterminant de cette période.*

Selon la légende, Rabbi Shimon bar Yochaï, un disciple de Rabbi Aqiva, serait l'auteur du *Zohar* (le Livre de la Splendeur, de la Clairvoyance ou du Rayonnement), qu'il aurait rédigé après l'exécution de son maître, Rabbi Aqiva, par les Romains. La légende veut qu'il se soit caché pendant treize années avec son fils Éléazar dans une grotte, pour échapper aux persécutions de l'empereur romain. Au cours de cette période, il reçut directement de Dieu la connaissance et la sagesse. À sa sortie, Rabbi Shimon fut si perturbé par ce qu'il percevait comme une absence de spiritualité chez le peuple juif qu'il retourna dans sa grotte pour méditer. Là, on lui intima d'enseigner la sagesse secrète, mais seulement à ceux qui étaient prêts à la recevoir. Quelque temps après, il est probable qu'une école ésotérique vit le jour, dont les élèves gardèrent jalousement les secrets tout en cultivant la tradition de la Kabbale.

HISTOIRES DE PATERNITÉ

Les recherches ont déterminé que le *Zohar* avait été rédigé entre 1280 et 1286 en Espagne, par Moïse de León. Toutefois, lui aussi fit un mystère autour de cette paternité en déclarant avoir trouvé un ancien manuscrit et copié les interprétations de la Torah écrite, à l'origine, par Rabbi Shimon bar Yochaï. Après sa mort, sa veuve affirma qu'il n'existait pas d'autre manuscrit, qu'il était l'unique auteur de l'ouvrage et qu'il en avait accordé la paternité à Shimon bar Yochaï pour assurer son succès financier.

STRUCTURE ET FINALITÉ

Le *Zohar* est un énorme recueil de commentaires sur la Torah (les cinq livres de Moïse) et des dernières parties de la Bible, peut-être écrites pendant plusieurs siècles par de nombreux disciples. Dans sa forme originale, tel qu'il fut diffusé par Moïse de León, il consistait en un commentaire poétique et mystique sur la Torah et les Livres de Ruth, les Lamentations et le Cantique de Salo-

◂ LA SYNAGOGUE DE TOLÈDE

La ville espagnole de Tolède s'épanouit au Moyen Âge et devint un foyer de mystique juive. Le renouveau contemporain de la Kabbale a suscité un regain d'intérêt pour l'histoire de la communauté juive espagnole de cette époque.

mon, écrit en araméen, la langue ancienne des rabbins qui écrivirent le *Talmud*.

Peu après, d'autres livres se réclamant du même style mystique apparurent. L'un d'eux, le *Ra'ya Mehemna* (Le Berger fidèle) fut incorporé au corpus du *Zohar*. Un autre, *Tikunei Zohar* (Complément du *Zohar*) devint par la suite un livre en tant que tel. D'autres éléments du *Zohar*, tel qu'il existe aujourd'hui, sont :

✡ le *Sifra-di-Tzeniuta* (Le Livre du mystère caché),

✡ le *Sitrei Torah* (Les Secrets de la Torah), qui s'intéresse principalement aux anges et aux mystères du nom divin,

✡ le *Ra'ya Mehemna*, qui comprend des règles de conduite formulées dans un récit narré par Moïse,

✡ le *Midrash Ha-Ne'lam* (Midrash caché), qui se sert de la numérologie sacrée pour expliquer des textes bibliques,

✡ le *Tosefta*, des suppléments renfermant des explications sur les sefirot,

✡ les *Heykhalot* (Palais divins), une description du ciel, de l'enfer et des demeures des anges,

✡ l'*Idra Rabbah* et l'*Idra Tzuta* (La Grande Assemblée et La Petite Assemblée).

QUE DIT LE *ZOHAR* ?

Le *Zohar* essaie d'expliquer la relation existant entre Dieu, l'univers et l'humanité. La finalité de la vie humaine – la plus grande création de Dieu – consiste à élever l'âme, par la conscience, pour l'unir à Dieu. Le *Zohar* introduit l'Arbre de vie, le modèle du cosmos et de l'humanité. Il explique les sefirot, mais dans un langage symbolique et mystérieux, présentant l'Arbre de vie comme un moyen d'accomplir une prise de conscience spirituelle dans un univers où tout est interconnecté.

900 apr. J.-C.
Époque de Saadia ben Joseph Gaon (vers 882-942), un kabbaliste né en Égypte, commentateur du *Sefer Yetsirah* et auteur de *Doctrines et opinions*; Donolo Shabbataï (vers 913-982), kabbaliste et médecin italien, auteur du *Sefer Chakhmoni*, un commentaire du *Sefer Yetsirah* incluant une étude détaillée de l'astronomie.

1000 apr. J.-C.
En Espagne, sous le gouvernement des Maures, époque de Bachya Joseph ibn Pakuda (vers 1050-1120), auteur des *Devoirs des cœurs*; Salomon ibn Gabirol (1021-1056), auteur du *Keter Malkhut* (Couronne du royaume); Yehuda ha-Levi (1075-1141), auteur de poèmes d'amour basés sur les enseignements kabbalistiques.

1100 apr. J.-C.
Époque d'Abraham ben David de Posquières, en France (1125-1198), commentateur du *Sefer Yetsirah* et père d'Isaac l'Aveugle; Isaac l'Aveugle (1160-1235), en Provence, commentateur du *Sefer Yetsirah*; Éliézer ben Yehuda Rokeach (1165-1243) à Worms, Allemagne, auteur du *Marchand d'épices*, développe une Kabbale pratique.

1200 apr. J.-C.
Époque de Moïse ben Nachman (1194-1270), mystique et médecin espagnol qui développe une interprétation mystique du commentaire biblique; Moïse ben Shem Tov de León (vers 1240) apparaît comme l'auteur probable du *Zohar*; Abraham ben Samuel Aboulafia (vers 1240-1290), kabbaliste pratique et auteur de textes mystiques. L'année 1240 correspond à l'an 5000 du calendrier juif et marque donc le début prometteur d'un nouveau millénaire.

▼ L'INSPIRATION BIBLIQUE
Comme tous les ouvrages kabbalistiques, le Zohar *s'est inspiré des mots sacrés de la Torah ou Bible juive, écrite au fil des siècles sur des rouleaux en parchemin.*

L'ÉVOLUTION *de la* KABBALE

À la fin du Moyen Âge, alors que le judaïsme officiel s'intéressait à l'étude de la Torah, diverses écoles mystiques firent leur apparition en Europe. Elles se nourrissaient des traditions islamique et chrétienne, en les mêlant aux concepts juifs de piété et de vertu, pour créer un mode de vie propre à satisfaire les aspirations du peuple en matière de religion.

L'ESSOR EUROPÉEN

En France et en Allemagne, la Kabbale était dominée par des sectes piétistes, caractérisées par une tranquillité d'esprit et une indifférence à la persécution sociale. Elles étaient davantage mues par un besoin de purification de l'esprit que par un désir de compréhension du Divin. Les dévots de la tradition de la Merkabah (Char), fondée sur la vision d'Ézéchiel, continuèrent de développer des rituels afin de faciliter leur ascension vers des stades plus élevés de la sainteté.

À partir du milieu du XIIIe siècle, la ville espagnole de Gérone devint l'un des grands centres de la Kabbale. Cependant, au même moment, un important mouvement anti-juif obligea les Juifs à défendre leur foi contre les représentants chrétiens du roi.

SAFED, ISRAËL

Trois événements permirent à Safed de devenir la capitale spirituelle de la Kabbale. Premièrement, l'Inquisition espagnole incita à revoir la question de manière radicale et à créer un nouveau centre d'enseignement. En 1492, les Juifs furent expulsés d'Espagne et bon nombre d'entre eux émigrèrent en Afrique du Nord, en Italie et dans des contrées reculées de l'Empire ottoman. Deuxièmement, la même année, Christophe Colomb découvrit le Nouveau Monde, bouleversant un système entier de connaissance de la Terre. Troisièmement, en 1516, les Turcs vainquirent les Mamelouks et prirent le contrôle de l'Égypte, de la Syrie, de la Palestine et de la péninsule Arabique. Les nouveaux gouvernants autorisèrent les Juifs à s'établir en Palestine ; beaucoup choisirent Safed, car il abritait les sépultures de nombreux érudits talmudiques.

L'innovation majeure des kabbalistes de Safed fut d'ouvrir à tous la sagesse jusqu'ici cachée afin

◄ Image d'un peuple

Bien que les interprétations les plus mystiques soient souvent restées secrètes, les principaux commentaires bibliques étaient lus par les rabbins du haut de leur chaire. Cette image représentant un de ces sermons est extraite du Haggadah (récit) de Barcelone (vers 1350). Les écrits kabbalistiques continuèrent à se développer même après l'expulsion de la communauté juive espagnole en 1492.

de permettre à chacun de se connecter avec la Shekinah, la présence de Dieu dans Malkhut. L'ascétisme était un des moyens de se purifier en vue de la rédemption.

Trois grands kabbalistes de Safed

Les trois principaux mystiques de Safed étaient Moïse Cordovero, Isaac Louria et Chaim Vital. Cordovero fonda sa propre académie à Safed qui, sous son impulsion, devint un centre important de la Kabbale. Son livre, *Verger de grenades*, systématise toutes les études précédentes de la Kabbale.

Isaac Louria, le Ari (le Lion), développa une nouvelle école et divisa la Kabbale en deux disciplines, l'une pratique, l'autre théorique. Grâce aux anges et aux démons, il créa un système pratique pour vaincre le mal et hâter l'arrivée du Messie. Considéré comme un saint, Louria produisit un énorme recueil d'écrits basés sur les dix sefirot, les quatre mondes et les cinq niveaux de l'âme. Outre ses ouvrages théoriques, il conçut un système de méditation utilisant les noms de Dieu et des méditations à intentions précises faisant appel à la manipulation des lettres hébraïques.

Chaim Vital fut le disciple du Ari pendant deux ans ; c'est à lui que nous devons les copies de l'œuvre de Louria. Son livre, *Les Portes de la sainteté*, présente plusieurs enseignements de Louria et se veut un guide de méditation kabbalistique.

1300 apr. J.-C.
Époque de Menachem Recanati (1350-1440), kabbaliste italien dont l'œuvre principale, *Perush Al ha-Torah*, un commentaire de la Torah, influença le travail d'Isaac Louria.

1400 apr. J.-C.
Époque d'Isaac Abravanel (1437-1508), homme d'État espagnol actif en Espagne, au Portugal et en Italie, qui interprète le Livre de Daniel en utilisant la Kabbale. Jean Pic de la Mirandole (Giovanni Pico della Mirandola, 1463-1494) fonde à Florence une école de Kabbale chrétienne se réclamant des travaux de Recanati et de Platon ; Johannes Reuchlin (1455-1522), publie *Du Nom miraculeux* et *De la science de la Kabbale*.

4 **1500 apr. J.-C.**
Safed devient la capitale de la Kabbale ; Moïse Cordovero (1522-1570) écrit *Pardes Rimonim* (Verger de grenades) ; Isaac Louria, le Ari ou le Lion (1534-1572), né en Allemagne, fonde une école de la Kabbale ; Chaim Vital propage les enseignements de Louria ; Salomon Alkabetz (1505-1576) crée le centre kabbalistique de Salonique.

5 À Prague, Yehuda Loew ben Bezalel (1512-1609) crée la légende mystique du Golem. En France, Guillaume Postel (1510-1581) traduit le *Sefer Yetsirah* en latin avec de nouveaux commentaires. Le mysticisme français subit l'influence croissante du néoplatonisme, du gnosticisme et d'autres mouvements philosophiques.

► La Kabbale florentine

Au XVe siècle, Florence fut le théâtre de l'apparition de la Kabbale chrétienne qui puisa son inspiration dans les philosophies juive, chrétienne et séculières de l'époque.

La montée du hassidisme

Au milieu du XVIIIe siècle, Israël ben Éliézer devint célèbre sous le nom de Baal Shem Tov, le maître du Bon Nom. Il fonda en Pologne un courant mystique appelé « hassidisme » qui, en une cinquantaine d'années, attira des millions d'adeptes et fait maintenant partie à la fois des sectes ultra-orthodoxes et du mouvement pour le Renouveau juif.

Tandis que la Kabbale théorique s'était développée jusqu'à un niveau intellectuel de quasi-exaltation, le hassidisme pensait que ses enseignements étaient accessibles à tout un chacun. La méditation, la prière joyeuse accompagnées de chants et de danses, l'amour de la nature et la communion avec elle constituent les fondements de la vie hassidique. Un des aspects importants de la pratique hassidique est l'hitboddedut, la séparation du moi et du monde pour la méditation. Baal Shem Tov rejetait l'ascétisme des premières traditions kabbalistiques et déclarait qu'il n'y avait pratiquement aucun endroit dans le monde qui ne fût occupé par la présence de Dieu.

Il enseignait que sa voie d'accès à Dieu était beaucoup plus simple que celle proposée par Louria, et qu'il suffisait d'exprimer le désir de revenir vers Dieu pour être considéré comme une personne juste. Il fallait seulement avoir un cœur pur, croire en Dieu le Créateur et suivre les enseignements de Dieu dans la gaieté. Il n'est pas surprenant que ce courant soit devenu florissant. Bien que Baal Shem Tov ait refusé que ses enseignements soient consignés par écrit, par crainte d'une mauvaise interprétation, ceux-ci furent néanmoins transcrits et apparaissent dans le *Keter Shem Tov* (Couronne du Bon Nom) et le *Tzavaot di Baal Shem* (Hôtes du Maître du Nom).

Les enseignements de Nachman

Nachman de Bratslav, l'arrière-petit-fils de Baal Shem Tov, grandit alors que le courant hassidique était sur le déclin. De son attirance précoce pour l'ascétisme, il évolua vers une acceptation profonde et joyeuse de l'omniprésence et de la proximité de Dieu. Ses récits parlent de communion avec le Divin, non pas grâce aux livres ésotériques et aux incantations, mais par le biais des joies de la nature et de l'interaction humaine. Il déclarait :

Lorsque l'homme devient méritant, comme il est doux
et plaisant d'entendre les chants des plantes, comment
chaque plante parle à Dieu par le chant.
Ainsi, il est bon de servir Dieu parmi elles, en errant
solitaire dans les champs parmi les choses en pleine
croissance, et de déverser sa parole devant Dieu dans
toute sa véracité. Tout le discours des champs pénètre
alors dans le vôtre et le renforce. À chaque respiration,
vous buvez l'air du paradis, et lorsque vous revenez
chez vous, le monde s'est renouvelé à vos yeux.

Deux de ses enseignements les plus importants sont :

L'homme a peur de choses qui ne peuvent pas le blesser
et il le sait ; il a envie de choses qui ne lui sont d'aucune
aide et il le sait ; mais en vérité, la seule chose
dont l'homme a peur est en lui, et la seule chose
dont il a envie est en lui.

Il n'est aucun obstacle qui ne puisse être surmonté,
car l'obstacle existe au nom de la volonté, et en réalité
il n'existe aucun obstacle si ce n'est dans l'esprit.

▸ Le centre du hassidisme
La mystique hassidique se développa rapidement en Pologne. Cette peinture de Bouvine-Frenkel donne une idée des villages où vivait la majorité de la communauté juive.

◂ La diversité de la pensée rabbinique

La théologie rabbinique se diversifia de manière étonnante lorsque la communauté juive se trouva confrontée au mouvement des Lumières et que la Kabbale, considérée comme irrationnelle, fut rejetée par les nouveaux rabbins réformistes. Ce tableau de Bouvine-Frenkel, représentant un rabbin polonais en costume traditionnel sur fond de ville, témoigne des défis lancés par la vie moderne.

1600 apr. J.-C.
Jacob Boehme interprète la Kabbale dans une perspective chrétienne, et Knorr von Rosenroth (1677-1784) écrit *Kabbala Denudata*.

1700 apr. J.-C.
En Pologne, Israël ben Éliézer, le Baal Shem Tov (1698-1760), fonde le courant hassidique ; Moïse Chaim Luzzatto (1707-1746), un kabbaliste né en Italie, écrit *La Voie de celui qui est debout*. Époque d'Eliyahu, le Gaon de Vilnius, en Lituanie (1720-1797), auteur de quatre-vingts volumes kabbalistiques ; Nachman de Bratslav (1772-1811), maître de la méditation kabbalistique.

6 **1800 apr. J.-C.**
La théologie juive continue à se développer au sein d'un monde de plus en plus moderne ; époque d'Élie Guttmacher (1796-1874) à Graetz, Allemagne, et de Judas Alkalaï (1798-1878) à Belgrade, en Serbie. Le nationalisme juif et le mouvement des Lumières entraînèrent le déclin de la pratique kabbalistique.

1900 apr. J.-C.
En Palestine, époque d'Abraham Isaac Kook, le Grand Rabbin de Palestine, poète et mystique ; Yehudah Ashlag (1886-1955), traducteur du *Zohar* et fondateur des études modernes de la Kabbale, auteur de *L'Étude des dix émanations lumineuses* ; Abraham Joshua Heschel (1907-1972), philosophe américain, écrit *Dieu en quête de l'homme* ; Louis Jacobs (vers 1920), théologien anglais, écrit *Prière hassidique* ; Zalman Schachter-Shalomi (vers 1920) professeur hassidique américain, fonde le mouvement du Renouveau juif et écrit *La Première Étape : un guide pour le nouvel esprit juif*.

7 Gershom Scholem est professeur de mystique juive à l'Université hébraïque de Jérusalem entre 1935 et 1965.

7

Glossaire

Aaron : frère de Moïse et grand prêtre israélite.
Abraham : premier patriarche, avec qui Dieu fit l'Alliance ; père d'Isaac.
Aboulafia, Abraham : prophète kabbaliste du XIIIe siècle en Espagne et en Sicile.
Adam Kadmon : Adam primordial dans Atzilut, créé comme un reflet de Dieu avant la création du monde.
ADN : acide désoxyribonucléique, constituant important des protéines et de la vie.
Adonai : prononciation traditionnelle de YHVH, signifiant « mon Seigneur ».
Akiva, Rabbi (vers 50-135 apr. J.-C.) : directeur de l'académie théologique de Bnei Berak ; les Romains l'exécutèrent en le fouettant pour avoir étudié la Torah.
Alchimie : art de transmuer les métaux vils (non précieux) en or.
Âme : essence de l'être humain, créée et donnée par Dieu, qui aspire à s'élever pour se réunifier avec le Divin.
Amidah : prière des dix-huit bénédictions récitée debout, trois fois par jour.
Arbre de la connaissance : arbre planté dans le jardin d'Éden donnant la connaissance du bien et du mal ; il était interdit à Adam et Ève de manger ses fruits.
Arbre de vie : arbre de l'immortalité planté dans le jardin d'Éden à côté de l'Arbre de la Connaissance ; symbole et schéma de la compréhension kabbalistique du cosmos et de toute la vie, composé de trois piliers.
Ari, le : rabbin Isaac Louria (1534-1572), dénommé le lion sacré, fondateur de la Kabbale lourianique.
Assiyah : action, le plus bas des quatre mondes où vit l'humanité.
Astrologie : art de trouver des significations à partir de l'étude des positions des étoiles et des planètes et des relations existant entre elles.
Atzilut : proximité de la lumière divine, le plus élevé des quatre mondes.
Avodah : service de Dieu, généralement traduit par *prière*.
Ayn Sof : Dieu inconnaissable et infini.
Baal Shem Tov : titre signifiant « maître du bon nom », le rabbin Israël ben Éliézer (1698-1760), fondateur du hassidisme en Pologne, qui permit aux gens ordinaires d'atteindre les hauteurs spirituelles par la prière joyeuse, la communion avec la nature et une vie vertueuse.
Bachya ibn Pakuda (vers 1080-1170) : kabbaliste espagnol, auteur des *Devoirs du cœur* et d'écrits mystiques.
Bahir (voir *Sefer ha-Bahir*).
Beçalel : artiste choisi par Dieu dans la Torah pour créer le Tabernacle.
Beriah : création, le second des quatre mondes.
Binah : compréhension, la *sefirah* au sommet du pilier gauche.
Brachah : bénédiction, du mot *baruch* signifiant béni.
Bouddha : Sidhartha Gautama, prince philosophe indien qui accomplit l'éveil complet et devint le modèle de développement du bouddhisme.
Chakra : dans le yoga, la « roue » ou le centre de l'énergie, à travers laquelle coule la force vitale.
Chesed : miséricorde ou amour-affection, bonté.
Ch'i (ki) : énergie vitale
Chokhmah : sagesse, la *sefirah* en haut du pilier droit.
Cordovero, Moïse (1522-1570) : kabbaliste de l'âge d'or de Safed, écrivit *Or Yaqar* (« Lumière précieuse »), un commentaire sur le *Zohar* et *Pardes Rimmonim* (« Verger de grenades »), expliquant de nombreux concepts kabbalistes.
Couronne : le chakra le plus élevé, correspondant à Keter dans la Kabbale.
Da'at : connaissance, la non-*sefirah* sur le pilier central séparant Binah et Chokhmah.
David : deuxième roi d'Israël (v. 1080-970 av. J.-C.), qui établit la capitale à Jérusalem.
De León, Moïse (1250-1305) : kabbaliste espagnol, auteur du *Zohar*.
Deutéronome : cinquième livre de la Torah.
Ego : terme psychologique freudien pour désigner le moi conscient.
Ehiyeh : « je serai », partie du nom de Dieu associée à Keter.
El : Dieu, le créateur, nom associé à Chesed.
El Shaddaï : Dieu de puissance, le nom divin associé à Yesod.
Elohim : premier nom de Dieu mentionné dans la Genèse, associé à Binah.
Émanation : déversement de lumière divine des royaumes supérieurs vers les royaumes inférieurs en passant par l'Arbre de vie.
Ennéagone : représentation géométrique à neuf points de la structure cosmique et individuelle, exposée par Georgei Gurdjieff.
Étincelles : fragments des vases divins brisés lors de la Création, tombés d'Atzilut et de Beriah.
Exode : second livre de la Torah, récit de la libération des Israélites de l'esclavage en Égypte, 1300 ans av. J.-C.
Gabriel : archange associé à Yesod dans Beriah – la force de Dieu.
Gematria : manipulation de nombres et de lettres hébraïques pour la méditation, permettant de révéler les secrets de la Torah.
Genèse : premier livre de la Torah, histoire de la création et des débuts de l'humanité.
Gevurah : jugement ou pouvoir – la *sefirah* située au centre du pilier gauche.
Gilgulim : roues décrites par Ézéchiel dans sa vision du Char.
Gnose, gnostique : culte ésotérique de connaissance mystique datant des IIe et IIIe siècles apr. J.-C., combinant les enseignements du christianisme, de la théologie grecque, de l'hindouisme et du bouddhisme.
Grande Assemblée : le Sanhedrin, tribunal religieux suprême des juifs durant l'époque romaine.
Haniel : archange parfois associé à Netzach.
Hara : second chakra, lié à la force vitale et à la survie.
HaShem : le Nom, un substitut respectueux à tous les noms de Dieu.
Hassidisme : mouvement mystique juif apparu en Europe orientale aux XVIIIe et XIXe siècles.
Heykhalot : palais divins ; école de mysticisme basée sur le texte du Ier siècle *Heykhalot Rabbatai* (« Grands Palais ») qui décrit les méthodes de méditation utilisées pour atteindre un état mystique et la lumière divine.
Hitbonnenut : forme intellectuelle de méditation basée sur la contemplation des textes.
Hod : réverbération ou splendeur – la *sefirah* au pied du pilier gauche.
Yi-king : Livre des Mutations, le plus ancien des enseignements chinois, fondé sur soixante-quatre hexagrammes qui peuvent être utilisés comme oracles pour la divination.
Ça : terme psychologique freudien utilisé pour désigner les instincts inconscients et les besoins de l'esprit humain.
Isaac : second patriarche, fils d'Abraham et de Sarah et père de Jacob.
Isaac l'Aveugle (vers 1200) : kabbaliste espagnol qui vivait en Provence.
Isaïe : prophète hébreu du VIIIe siècle av. J.-C. qui prophétisa sur l'époque messianique.
Israël : « Celui qui lutte avec Dieu » ; nom donné par Dieu à Jacob après son combat avec l'ange.
Jacob : troisième patriarche, fils d'Isaac et de Rebecca.
Échelle de Jacob : fragment du songe de Jacob dans lequel il vit une échelle menant au ciel avec des anges qui la gravissaient et la descendaient.
Jérusalem : capitale d'Israël et ville sainte du judaïsme, du christianisme et de l'islam.
Joseph : fils de Jacob et de Rachel ; il sauva les peuples égyptien et israélite d'une famine qui dura sept ans, associé à la *sefirah* de Yesod.
Joshua : chef des Israélites après Moïse ; il les conduisit de l'Égypte à la Terre promise.
Jung, Carl (1875-1961) : psychiatre et mystique suisse qui exposa la théorie de l'inconscient collectif et du mythe, de la religion et des rêves qui lui sont associés.
Kabbale : « recevoir », tradition mystique d'une philosophie basée sur le *Sefer Yetsirah*, le *Sefer ha-Bahir* et le *Zohar*.
Kavannah : intention qui sous-tend la pratique quotidienne religieuse et méditative.
Kelippot : écorces ou coquilles qui se seraient brisées au moment de la Création à cause de l'incapacité des vaisseaux divins à contenir la lumière divine.
Keter : couronne – la *sefirah* la plus élevée, en haut du pilier central, associée à l'émanation de la lumière de Dieu.
Lettres (hébraïques) : *alef-bet* ou alphabet de vingt-deux lettres utilisées pour comprendre la Création dans le *Sefer Yetsirah*.
Lévitique, le : troisième livre de la Torah, renfermant de multiples lois.
Louria, Isaac (1534-1572) : le Ari, ou Lion sacré, fondateur de l'approche lourianique de la Kabbale, basé à Safed, Israël.
Maggid de Mezeritch (1704-1772) : Dov Baer, un des grands maîtres hassidiques.

Maïmonide (1135-1204) : Rabbi Moïse ben Maimon, juriste espagnol, médecin et philosophe, un des plus grands penseurs juifs.
Makom : « lieu », un des noms divins, associé au songe de Jacob.
Malkhut : royaume – la *sefirah* située au pied du pilier central, représentant le monde physique.
Matriarches : mères du peuple juif – Sarah, épouse d'Abraham, Rebecca, épouse d'Isaac, Rachel et Leah les femmes de Jacob.
Méditation : pratique spirituelle requérant quiétude mentale, concentration et parfois l'usage de textes ou de mots pour la contemplation et la répétition.
Menorah : candélabre à sept branches décrit dans la Torah.
Merkabah : char ; la vision d'Ézéchiel sur laquelle se basent les premiers courants mystiques.
Messie : de l'hébreu *mashiah*, « oint » ; considéré par les Juifs comme une personne ou une époque qui arrivera lorsque le monde sera gouverné par la loi de Dieu.
Michel : archange à droite de Dieu, associé à Tiferet.
Midrash : histoires explicatives ou interprétations basées sur des associations entre différents textes de la Torah et de la Bible.
Miriam : sœur de Moïse et Aaron ; dirigeante affective du peuple israélite après l'Exode d'Égypte.
Mishnah : « enseignement par la répétition » ; recueil de commentaires rabbiniques juifs sur la Loi, datant des deux premiers siècles apr. J.-C.
Moïse : grand chef du peuple juif, qu'il libéra de l'esclavage et conduisit hors d'Égypte vers la Terre promise ; reçut la Torah des mains de Dieu sur le mont Sinaï.
Mysticisme : croyance religieuse ou spirituelle et pratique basée sur une communion directe et intuitive avec le Divin.
Nachman de Bratslav (1776-1810) : grand rabbin hassidique, maître de méditation et auteur de nombreuses histoires.
Néant : partie du Dieu inconnaissable, *Ayn Sof*, qui existait avant la création et avec qui les kabbalistes espèrent accomplir la fusion.
Nefesh : un des trois niveaux de l'âme, l'âme inférieure chez les êtres humains.
Neshama : âme supérieure qui monte jusqu'à la source divine.
Netzach : éternité ou triomphe – la *sefirah* située au pied du pilier droit.
Nombres, les : quatrième livre de la Torah, relatant l'histoire des Israélites dans le désert après l'Exode.
Otiyot : lettres de l'alphabet hébreu.
Pardes : verger, paradis ou jardin ; également un acronyme pour une approche de l'étude des enseignements juifs sur quatre niveaux de plus en plus profonds.
Voies : les connexions entre les *sefirot*.
Patriarches : pères du peuple juif : Abraham, Isaac et Jacob.
Prophètes : individus divinement inspirés qui transmettent la parole de Dieu au peuple, c'est-à-dire Isaïe, Ézéchiel, Jerémie ; également la seconde partie de la Bible hébraïque.
Proverbes, livre des : livre biblique, traditionnellement attribué au roi Salomon et à d'autres, renfermant des chants faisant l'éloge de Dieu ainsi que des prières.
Raphaël : archange du salut associé à la *sefirah* de Hod.
Réincarnation : dans la mystique juive, croyance selon laquelle l'âme humaine peut vivre à nouveau dans une autre personne après la mort.
Ruach : littéralement « vent » ; l'âme centrale qui supporte le Trône.
Safed : ville au nord d'Israël qui fut le centre de l'étude et de la créativité kabbalistique aux XVIe et XVIIe siècles.
Salomon : fils de David et troisième roi d'Israël, bâtisseur du Temple et auteur putatif du Cantique des Cantiques, du Livre des Proverbes et de l'Ecclésiaste.
Samaël : ange également dénommé Satan, empoisonneur de Dieu, associé à la *sefirah* de Gevurah et au mal cosmique.
Sandalphon : ange associé à la *sefirah* de Malkhut.
***Sefer ha-Bahir* :** livre de la Clarté, un des premiers textes kabbalistiques qui traite des *sefirot* et de la réincarnation. Également intitulé *Sefer Bahir* et *Bahir*.
***Sefer Yetsirah* :** livre de la Formation, un des ouvrages essentiels de la Kabbale, attribué à Rabbi Akiva.
Sefirah : émanation divine ou attribut de Dieu permettant de diriger l'univers ; sphères d'énergie divine.
Sabbat : septième jour, jour de repos, commémoration du repos de Dieu après la Création.
Shekinah : présence intérieure et aspect féminin de Dieu, représenté dans la *sefirah* de Malkhut.
Shema : « écouter » ; premier mot de la déclaration de croyance juive en l'unité de Dieu.
Sofia : sagesse, venant de la tradition grecque.
Soufisme : tradition mystique islamique.
Surmoi : terme psychologique freudien référant à la conscience, au sens du bien et du mal.
Talmud : loi et tradition juives compilées à Babylone et à Jérusalem, puis rédigées entre 200 et 600 apr. J.-C.
Tétragramme : YHVH, le nom de Dieu à quatre lettres, imprononçable.
Tiferet : beauté – la *sefirah* située au milieu du pilier central.
Tikkun : réparation ou restauration, un aspect central de la tâche de la Kabbale, réparer l'être, le moi, la personne, et ainsi réunifier les étincelles sacrées et les vases de lumière divine.
Tikkun olam : réparation du monde, la tâche de chacun consistant à faire advenir l'époque messianique.
Torah : « enseignement » ou Loi ; les cinq premiers livres de la Bible (la Genèse, l'Exode, le Lévitique, les Nombres et le Deutéronome), source originelle de la croyance juive.
Tsaddik : personne vertueuse ou juste ; terme servant à désigner un juif saint qui parvient à un état de proximité avec Dieu par la pratique éthique et religieuse.
Tsimtsum : restriction ou contraction ; la doctrine suivie par le Créateur divin lui-même pour former un vide dans lequel créer le monde.
Unification (voir Yichud).
Uriel : « lumière de Dieu », un des quatre archanges à garder le Trône céleste.
Vases : récipients contenant la lumière divine qui se brisèrent au moment de la Création, donnant les étincelles qui sont devenues la substance de la vie.
Vital, Rabbi Chaim (1543-1620) : disciple d'Isaac Louria qui consigna ses enseignements.
Yesod : fondement – la *sefirah* proche de la base du pilier central.
Yetser ha'tov et yetser ha'ra : inclinations au bien et au mal, deux forces qui agissent à l'intérieur de chaque être humain.
Yetsirah : formation, le troisième des quatre mondes, où intervient la différenciation.
YHVH : le tétragramme, nom imprononçable de Dieu à quatre lettres.
Yichud : unification ou unicité, but de l'étude et de la pratique kabbalistiques.
Yin et yang : « obscur » et « clair » ; concept philosophique chinois des deux principes opposés qui, ensemble, forment l'existence.
Zadkiel : archange associé à la *sefirah* de Chesed représentant le bien cosmique.
Zen : « concentration paisible de l'esprit » ; pratique bouddhiste japonaise basée sur la méditation.
Zodiaque : zone de la sphère céleste délimitant le chemin du Soleil, de la Lune et des planètes, définie par les Grecs de l'Antiquité.
***Zohar* :** signifie « splendeur », un des livres essentiels de la Kabbale, attribué à Shimon bar Yochaï mais probablement écrit par Moïse de León dans les années 1280.

INDEX

R

S

T

U

V

W

Y

Z

L'éditeur souhaite remercier les personnes, organismes ou sociétés cités ci-après pour les illustrations reproduites dans ce livre :

(légende : *g* gauche, *d* droite, *c* centre, *h* haut, *b* bas)

p. 19h The Art Archive, p. 23h Pictor, p. 31hg The Image Bank, p. 34bd The Image Bank, p. 39d The Image Bank, p. 40bd Trip, p. 42 The Bridgeman Art Library, p. 43d Pictor, p. 45d Pictor, p. 48 bg The Art Archive, p. 55 Trip, p. 59hg Pictor, p. 62hd Pictor, p. 68hg NASA, p. 69h NASA, p. 69b Trip, p. 81 The Ronald Grant Archive, p. 89h J.-L. Charmet, p. 91d Bibliothèque nationale de Copenhague, p. 100hd J.-L. Charmet, p. 101hg Trip, p. 105hg Pictures Colour Library Ltd., p. 107h The Image Bank, p. 118cd The Art Archive, p. 119bg Pictor, p. 124bd J.-L. Charmet, p. 126bd The Image Bank, p. 128bd Pictor, p. 129h Trip, p. 132bg Pictor, p. 133h ffotograff, p. 134bd Naomi Samuelson, p. 137h The Art Archive, p. 137bd Clark/Clinch, p.139hg J.-L. Charmet, p. 139bg J-L Charmet, p. 139bd Office du tourisme d'Israël.

L'éditeur souhaite également remercier les personnes et organismes suivants pour avoir fourni les objets religieux photographiés dans ce livre :

p. 2, 9 Finchley Reform Synagogue, Londres ; p. 73, 75, 77, 90, 97 et 109 The Great Frog, Carnaby Street, Londres. p. 119 Maurice et Shirley Samuelson.

Bien que tout ait été mis en œuvre pour créditer les collaborateurs de ce livre, l'éditeur présente ses excuses pour toute omission ou erreur éventuelle.